Heinz Florian Oertel

Gott sei Dank

Schluß mit der Schwatzgesellschaft

Das Neue Berlin

NEIN!

Erschreckend oder aufschreckend, ein schlechtes Zeichen, wenn NEIN das allererste von Tausenden Wörtern eines Buches ist? Nein. Dieses Nein ist harmlos.

Es meint nur: Legen Sie, geschätzter Fastleser, dieses Buch nach flüchtigem Kontaktblättern nicht sofort zurück ins Regal. Ihr Eindruck stimmt, hier erwartet Sie kein Sportbuch. Es geht nicht um Fußballfreuden und Fußballärger, um Pirouetten und Knockouts. Dennoch, Sport ist immer dabei. Mitgedacht, mitgemeint. Denn Sport ist Teil unserer Gesellschaft, und so, wie die Gesellschaft ist, ist der Sport. Nicht besser, nicht schlechter. Da, wo gelogen und betrogen wird, wo sich (fast) alles selbstmörderisch im Geldkreisel dreht, kann Sport keine Insel der Träumer und Seligen sein.

Darum geht's auf den nächsten Seiten.

Versuchen wir, Sie und ich, gemeinsam weiter zu erkennen, wie uns Mächtige und deren Gefolgstreue und Strippenzieher auf die Schippe nehmen und versuchen, uns für so dumm zu halten, wie man uns gern hätte.

Vorwort

2004 erschien im renommierten Verlag Johannis, Lahr/Schwarzwald, ein Buch des gleichfalls renommierten Journalistenkollegen Peter Hahne, ZDF. Es trägt den Titel »Schluß mit lustig. Das Ende der Spaßgesellschaft«. Dort wird im Vorwort erklärt, dieses Buch »eines der prominentesten Hauptstadtjournalisten« hätte allein schon bei der Ankündigung »eine Flut von Vorbestellungen« ausgelöst. Inzwischen brachte es der Titel auf sagenhafte 65 Auflagen. Davor ist strammzustehen. Glückwunsch Peter Hahne und seinem Verlag.

Dieses Johannis-Vorwort erläutert zudem, Peter Hahne sprach und spricht seit längerem »vor breitem Publikum in Kirche, Politik, Banken und Wirtschaftsverbänden über das Ende der Spaßgesellschaft« von einem höchstdringlichen »Zurück zu alten Werten«. Dazu klatsche ich lauten Beifall! Schließlich wird dort noch angemerkt, Peter Hahne hat fürs Buch »seinen Stil der freien Rede« beibehalten.

Genauso will ich auch verfahren.

Sehr unterschiedlich sind allerdings unsere Vortragserfahrungen. Mit Kirche, Banken, Wirtschaftsverbänden und auch Politik kann ich nicht dienen. In meinen 45 Reporterjahren besuchte ich hundertemale Sportgemeinschaften, kleine und große Betriebe, Schulen, Studenten, ich war unterwegs von Rügen bis ins Erzgebirge, von Oberhof bis Schwedt, und einmal auch in Hannover ...

So bringen wir beide unsere Lebenserfahrungen ein.

Und nun will ich Peter Hahne, der mir diese Buchanregung gab, begrüßen und vorstellen.

Zuallererst: Danke für die Ideenvorlage. Ich nehme den Ball gern auf. In meinen Kapiteln will ich hin und wieder den Fernkontakt mit Ihnen suchen, weil ich Ihre Überlegungen generell unterstreiche. Jawohl, die Spaßgesellschaft braucht Kritik, und alte Werte brauchen neuen Wert. Und darüber will ich mich »concordi discors« – wie Horaz schrieb –, also in zwieträchtiger Eintracht streiten.

Gern, sehr gern hätte ich dem ein persönliches Gespräch mit Ihnen vorausgesetzt. Sie kennen meine Schreiben, Anfragen, Einladung. Leider, so teilten Sie mit, geht es wegen Ihrer starken Belastung und Zeitmangel nicht. Schade, sehr schade.

Nun will ich den Lesern Knappes zu Ihnen, Peter Hahne, und zu mir vorstellen. Ganz sachlich, zu zwei grundverschiedenen Leben.

Peter Hahne: Jahrgang 1952, geboren in Minden (Westfalen). Vater Drogist. Nach dem Abitur Studium der Evangelischen Theologie in Bethel, Heidelberg und Tübingen, gepaart auch mit Philosophie, Psychologie und Germanistik. Dabei erste Radio- und Presseversuche. Danach beim Saarländischen Rundfunk und weiteren Stationen und bis heute beim ZDF. Derzeit im Hauptstadtstudio Berlin und einer der populärsten deutschen TV-Journalisten, vor zehn Jahren mit dem BAMBI-Publikumspreis ausgezeichnet.

Heinz Florian Oertel: Jahrgang 1927, geboren in Cottbus (Brandenburg-Niederlausitz). Vater (1904) nach langer Arbeitslosigkeit Tuchmacher, Weber. Mutter Reinemachfrau. Eine Schwester. Vier Personen in Stube und Küche. Grundschule, Mittelschule (Freistelle),

Oberschule (Freistelle). Kein Abitur, da mit 16 Jahren Ostwallschipper, Arbeitsdienst, mit 17 Jahren und 23 Tagen noch Soldat, ein Jahr Gefangenschaft. (Darüber gleich mehr ...) Dann zwei Jahre Schauspieler-Anfänger, Radiomacher beim Studio Cottbus, Landessender Potsdam, dann Berliner Rundfunk (West), Berliner Rundfunk (Ost), DDR-Fernsehen. 17mal DDR-Fernsehliebling, verschiedenste Auszeichnungen.

Das von uns beiden in aller Kürze.

Auf keinen Fall will ich unsere kraß unterschiedlichen Lebensläufe und Berufswege beurteilen. Keiner trägt Verantwortung dafür, wo ihn der Klapperstorch fallenließ. Versuchen läßt sich, Lebenswege am Historischen zu vergleichen. Aus jedem Lebensweg innerhalb vorbestimmter Geschichte wachsen Haltungen und Überzeugungen. Hahnes Vorteil: 25 Jahre jünger. Meiner: Ich lebte, lebe in vier dramatisch unterschiedlichen deutschen Geschichtsabschnitten. Erst seit 16 Jahren sind wir beide in einem Deutschland.

Solch spannende Tatsachen samt sensibelsten Unterschieden regen zum Nachdenken und Überdenken an. Peter Hahne fordert »Gott zurück in die Politik!« und konstatiert: »Ohne Erinnerung an unsere Herkunft gibt es keine Zukunft.«

Dazu sage ich, weiß Gott, das stimmt. Also hundertprozentige Übereinkunft.

Absichten und Ansichten

So ist Ihr erstes Kapitel überschrieben. Ich will es übernehmen. Und wenn Sie als erstes einen großen Dramatiker, den Amerikaner Edward Albee, zitieren, will ich es anschließend ähnlich halten. Albee, so schreiben Sie, wurde gefragt, welche Wirkung er von seinen Theaterstücken (u.a. »Wer hat Angst vor Virginia Woolfe?«) erwarte. Albee antwortete schockierend: »Ich möchte die Zuschauer derart betroffen machen, daß sie nach der Aufführung vor das nächstbeste Auto taumeln ...« Sie, Peter Hahne, folgern, Ihr »Schluß mit lustig« will das natürlich nicht, aber etwas aufregen sollten Ihre Gedanken und Ansichten schon. Es geht um provokante Denkanstöße. Zudem wollen Sie weder ein »akademisches Oberseminar« noch eine trockene wissenschaftliche Abhandlung liefern, sondern einen Aufruf »in die Verantwortung«.

Genauso geht es mir. Ich stehe an Ihrer Seite. Immer dem flammenden »Das Ende der Spaßgesellschaft« folgend. Und, bitte zeigen Sie Verständnis, wenn ich meine Provokationen einleitend gleich mit drei Zitaten entzünde. Alle drei zitierten Persönlichkeiten und großen Künstler verehre ich jahrzehntelang.

Maxim Gorki, der russische Dramatiker, schrieb: »Der Mensch ist ein Mensch, wenn er spricht. Wenn er handelt, zeigt sich das Tier.«

Bertolt Brecht, deutscher Dramatiker von Weltformat und noch unser Zeitgenosse, bilanzierte: »Vierzig Jahre unter den Menschen haben mich ständig gelehrt, daß sie der Vernunft nicht zugänglich sind.«

Sir Peter Ustinov, britischer Weltbürger, bemerkt: »Terror ist der Krieg der Armen, Krieg ist der Terror der Reichen. Beide sind gleichermaßen unmoralisch.«

Wie wahr. Nur, woran wird das gemessen, »was war«? Sie, Peter Hahne, ziehen als tatsächlich krachenden Vorgang und letztlichen Beweis die Terroranschläge von New York 2001 und Madrid 2004 heran. Ihr Erinnern und Aufrütteln bekräftige ich mit sehr persönlichen Erinnerungen, die aber einige Jahrzehnte zurückliegen.

Ich hatte schon erwähnt, noch als Siebzehnjähriger in die Endphase des Zweiten Weltkriegs kommandiert worden zu sein. Und immer aufs neue kommt mir bei solchem Rückblicken der Kaffee hoch. Über Stralsund, Flensburg-Mürwick geriet ich im sterbendem Winter und folgenden Frühling 1945 nach Sylt. In List, dem nördlichsten Ort Deutschlands, und ringsherum im Dünensand drillten uns längst müde Marineartillerie-Maate, Maschinengewehre zu beherrschen. Bibbernd robbend schleppten wir das Zeug um Kaserne und Bunker. Dabei stand uns in jenen Kriegsendewochen riesiges Glück zur Seite. Keiner von uns mußte noch auf Menschen schießen, und bei den Tieffliegerattacken, die dann unseren Marsch in Gefangenschaft begleiteten, schissen wir uns in die Hosen.

Aber, was war dieses winzige Kriegserleben gegen die gewaltigen Verbrechen und Katastrophen des Nazikrieges! Es muß immer und immer wieder in schwächelnden Gedächtnissen alarmiert werden. 55 Millionen Kriegstote, allein über 20 Millionen davon in der Sowjetunion mit hunderttausenden Frauen und Kindern bilanziert das Nazikriegsverbrechen, und dazu der Horror 6 Millionen ermordeter Juden in den Konzentrations- und Vernichtungslagern. Bei meinen ersten Friedensfahrtübertragungen Anfang der fünfziger Jahre führten mich polnische und tschechische Reporterfreunde durch Auschwitz und Theresienstadt. Wer das sah und weiß, kann und darf es niemals vergessen.

Auch das nicht, was man uns schon als Pimpfen einhämmerte: »Seid flink wie die Windhunde, zäh wie Leder und hart wie Kruppstahl«, und daß der Tod fürs Vaterland edelstes Ziel aller Sportler sein sollte. Jene, die uns solche Sorte Moral und Patriotismus noch 1944/45 einbleuten, bauten nach Kriegsende in führenden Funktionen den Sport der Bundesrepublik Deutschland auf.

Dieses Miterleben schreit nach endlich korrekter, wahrheitsgetreuer Bewertung deutscher Geschichte. Für meine Generation begann das nach Kommiß, Bomben und Granaten, Gefangenschaft und endlich friedlichen Zielen mit den Geschichtsurteilen von Jalta und Potsdam. Die Siegermächte teilten Deutschland, und das bedingte alles, was da und dort, in Ost und West, folgte.

Deshalb, lieber Peter Hahne, entlieh ich noch diesen Kapitel-Titel und rufe mit Ihnen nach neuer Streitkultur, »in der um die Ansprüche von Weltanschauungen und Religionen gerungen wird«, und deshalb muß es dieser Art »Spaßgesellschaft« endlich mit Ihrem »Schluß mit lustig« an den Kragen gehen. Auch der »Schwatzgesellschaft«, dem Fast-Zwilling.

Was wird gefaselt, was wird gesprochen, versprochen und nicht gehalten, was alles wird totgeredet, zum Beliebigen degradiert. Nun schallt und hallt der Schrei nach alten Werten durch das Land, Gott möge Politik und Politiker erwecken ... Aber auch Wortedauernieselregen läßt nichts Neues, Besseres sprießen. Ich schicke Goethe vor. Fast immer, wenn's an eigener Erleuchtung fehlt, kann unser Klassik-Champion helfen.

Durch die Gammelzelte der 45/46er Gefangenschaft

trug ich im Tornisterrestbestand – wie es sich für deutsche Pennäler-Jünglinge ziemte – meinen Reclam-»Faust«. Ein Jahr lang hatte ich Zeit, vieles auswendig zu lernen, denn damals war noch mein Berufsziel: Schauspieler. Bewerbungen in Bochum, Hamburg, München und Frankfurt/Main blieben chancenlos, doch zur Spielzeit 46/47 erhielt ich aus meiner Heimatstadt Cottbus ein Ja. Als dann unser Intendant »Faust 1« inszenierte und sich selbst als der »Herr« besetzte, war ich Gott erstmals ganz nah. Er posierte über den drei Erzengeln, von denen ich Raphael sein durfte, jedenfalls wenn die Erstbesetzung mit unserem 1. Jugendlichen Helden ausfiel. So glückte es mir dreimal, den Herrn, also Gott zu lobpreisen:

Die Sonne tönt, nach alter Weise,
In Brudersphären Wettgesang,
Und ihre vorgeschriebne Reise
Vollendet sie mit Donnergang.
Ihr Anblick gibt den Engeln Stärke,
Wenn keiner sie ergründen mag;
Die unbegreiflich hohen Werke
Sind herrlich wie am ersten Tag.

Aber ich will mich zur heutigen, neuen Wertediskussion bei Goethe schlauer machen. Das erinnert mich an »Faust, Teil 1«. Noch vorm »Prolog im Himmel« gibt's »Das Vorspiel auf dem Theater«. Meist wird es von Dramaturgen und Regisseuren gestrichen. Doch im Original steht ein Dialog mit dem Direktor, der nach Hin und Her einfordert: »Der Worte sind genug gewechselt, Laßt mich auch endlich Taten sehn!«

Darum geht's, lieber Peter Hahne, geschätzter Wertesucher und Gott-Rufer, auch noch und wieder 2007.

Vor mir liegt vergilbtes Papier. Papier ist vergänglich, das weiß jeder, darauf Geschriebenes nicht unbedingt. Es kommt auf den lesenden, den wissenden Menschen an.

Dieses Papier, auf das ich schaue, ist reichlich 60 Jahre alt. Ein Klax, ein Atemzug in der Menschheitsgeschichte, doch für den einzelnen oft wichtigster Abschnitt seines Lebens. Mein Papier ist ausgestellt für den 15. März 1942. An jenem Tag wurde ich in der Cottbuser evangelischen Oberkirche konfirmiert »und zum heiligen Abendmahl zugelassen«. Ich war damals 14 Jahre. Wenn ich heute, auch von geschulten Kirchenleuten, höre und lese, von diesem Zeitpunkt seines Daseins an ist der Konfirmierte nun vollverantwortlich für sein Tun und Lassen, kann ich nur sagen: Nein! Entweder war ich besonders dumm oder mindestens noch nicht fertig im Denken und Wollen. Ich wurde weiter bestimmt vom Müssen. Erst später ging mir ein Licht auf, und ich begriff.

Das Allerwichtigste im Leben danke ich meinen Eltern. Sie schenkten mir mein Leben und ermöglichten – besonders in miserablen Zeiten – das Weiterleben. Ihnen nehme ich auch nicht ein Fetzelchen übel, daß ich als Jüngling zur Kirche gehen mußte, daß ich an diesem bestimmten Tag und im Beisein meiner Eltern und Großeltern konfirmiert wurde. Ich lese auf dem Dokument: »Denkspruch, 1. Joh. 5,4: Unser Glaube ist der Sieg, der die Welt überwunden hat.«

Jahrelang beachtete ich das, was mir zu denken geben sollte, überhaupt nicht. Dann allerdings riß mich das Erlebte zunehmend aus aller Welt der Sprüche, Versprechungen und Theorien. Die wurden in der Schule, auch beim obligaten Religionsunterricht, und dann in Konfirmandenstunden vermittelt. Und beim Jungvolk. Zeitweise Konfirmanden- und Pimpfenstunden in unmittelbarer Nachbarschaft. Beides vollzog sich, jedenfalls teilweise, an unserer Klosterkirche. Dort stand das Pfarrhaus und schräg gegenüber eine Jugendherberge. Davor trafen wir uns, auch einmal in der Woche, zu Aus- und Aufmärschen, und so geschah, daß wir zu hundert mit uns gleichfalls eingeimpften Liedgesängen am Pfarrhaus vorbei durch die Straßen zogen. Liederinhalte waren meist Bezüge zu allem, was »Preußens Gloria« ausmachte und Nazi-Schwachsinn wie dieser: »Wir werden weitermarschieren, bis alles in Scherben fällt, denn heute gehört uns Deutschland und morgen die ganze Welt ...«

In meinem Konfirmationsjahr sang ich das bekloppt und unwissend mit. Noch heute kann ich mich dafür nur in Grund und Boden schämen. Für den Verbrechertext (woher und von wem das Lied und andere Lieder dazu stammten, weiß ich nicht) und für damalige Unkenntnis aktuellen Geschehens. 1942 war die Kriegsniederlage der größenwahnsinnigen Deutschen längst abzusehen. Stalingrad, Bombenangriffe auf deutsche Städte, Schlacht der U-Boote im Atlantik ... Niederlagen, gewaltige Verluste, Rückzug der Panzerarmee in Afrika und, und ... und der Nazi-Rundfunk verbreitete immer noch mit Tschingdarassabum erlogene Siegmeldungen, die uns im Schulunterricht von Lehrern erklärt wurden. Alles geschah im Jahr meiner Konfirmation. Nicht einmal rief uns jemand vom Straßenrand zu: Singt nicht solchen Blödsinn! Nicht einmal wurde weder im Schulunterricht noch in der Konfirmandenstunde ein Wort darüber verloren. Das ließ mich später sehr nachdenklich werden.

Und später dachte ich auch und endlich ernsthaft über die Zehn Gebote nach. Das vierte hatte ich behalten: Du sollst deinen Vater und deine Mutter ehren, auf daß es dir wohlgehe und du lange lebst auf Erden. Klar, das schien mir goldrichtig. Und auch das fünfte: Du sollst nicht töten. Als ich dann mit 17 Jahren den »Dienst für Führer und Vaterland« antreten mußte, setzte erst Nachdenken, dann Grübeln und bald Entsetzen ein. Wir wurden zum Töten trainiert! Knarren, MGs, Gasmasken, all das militärische Zeug stupste uns Tag für Tag darauf: Aus Konfirmanden und Pimpfen sind befehligte Tötungsmenschen geworden! Es war der lehrreichste Abschnitt meines Lebens, der alles Spätere bestimmende.

Daß wir nicht mehr zum Schießen kamen, erwies sich für uns als Riesenglück. Historisch war es logischer Totalniedergang einer deutschen Gesellschaft von Verbrechern und Lügnern. Heuchelnde Gottesprediger, die das Fünfte Gebot mit Füßen traten, die Tötungswaffen segneten und uns, der letzten Reserve, noch die Hände schüttelten, zerstörten mir auch diese Hoffnung, ließen mich an allem, an Gott und der Welt zweifeln.

Nach dem elenden Krieg mit Millionen trotz fünften Gebotes Getöteten, nach Gefangenschaft und deutscher Odyssee, die mich zurück in die Familie brachte, wo wir noch den Bombentod meines Großvaters hinnehmen mußten, führte mich der Weg zum Kirchenamt. Dort erklärte ich meinen Austritt. Ich lernte dabei auch: Der Mensch wird im Leben manchmal »eingetreten«. Austreten ist dann seine Sache. Naja ...

Alles das änderte nichts an Achtung für jeden Gläubigen. Ob Protestant, Katholik, Jude, Orthodoxer,

Anglikaner, Muslime, Hindus, Buddhisten ... Aber, aus einem angelernten und fürs ganze Leben gedachten Protestanten entwickelte sich ein Protestierer.

Peter Hahne unterläge einem Fehlschluß, unterstellte er mir Werteverlust und Unlust zum »Zurück« alter Werte. Im Gegenteil. Ich begriff allerdings, solches Wollen und Wünschen hängt nicht ausschließlich mit Glaubens- und Kirchenforderungen zusammen.

Für mich gilt deshalb auch Gotthold Ephraim Lessings Ringparabel in »Nathan der Weise« als Werte-Kompaß. Dort verleiht der große deutsche Literat im letzten Lebenswerk den Gedanken der Aufklärung besondere Kraft. Als Höhepunkt seines »dramatischen Gedichts« läßt er Nathans drei Söhnen jeweils einen Ring zukommen. Alle äußerlich gleich, und alle drei von gleicher Wirkung:

> Es eifre jeder seiner unbestochnen
> Von Vorurteilen freien Liebe nach!
> Es strebe von euch jeder um die Wette,
> Die Kraft des Steins in seinem Ring an
> Tag zu legen!

Lessing, der Dichter, verkörperte in Nathan mein Ideal mit allen Ideen der Aufklärung, aus Liebe zu Menschen in Gesinnung und Tat.

In heutiger Zeit und mit heutiger Sicht und Wissen um neues satanisches Tun sollten wir uns erinnern: Der Ring der Christen besitzt keine größere Kraft als die anderen Ringe, und »daß nicht dieser Weg allein uns richtig führe«.

Vielleicht sollten sich Mächtige der Welt dessen erinnern.

Bisher war speziell von zwei Menschen die Rede. Von Peter Hahne und von mir. Bestimmt war das notwendig, um unsere Positionen zum Denken und Wollen zu verdeutlichen.

Jemand, der höchstwahrscheinlich klüger war als wir beide zusammen, drückte sehr Wichtiges besonders dramatisch aus: der Mensch ist ein Gemeinschaftstier. Wer will dem widersprechen? Allein hätte keiner nirgendwo überlebt. Von Robinson Crusoe, und noch viel, viel früher, bis heute. Menschsein braucht die Sozialisation, die Einordnung des einzelnen in die Gemeinschaft. Und das bedeutet viel.

Ohne Zweifel gehört dazu, was Schiller in seinem Gedicht »Die Weltweisen« so formuliert: »Der Mensch bedarf des Menschen sehr – Zu seinem großen Ziele.« Zu den Zielen des Menschsein gehört ganz bestimmt der Wille, etwas zu erreichen, aber ich kann und will mir nicht vorstellen, als Knirps träumt man schon und setzt sich zum Ziele, einmal reich zu sein, Millionär. Ich jedenfalls kannte zur Schulzeit keinen, und schon gar nicht unter denen, die man Freund nannte, der in solche Lebenszielrichtung faselte. Vielleicht ist es heute anders, weil die Welt sich weiterdrehte und der Mensch anders wurde. Wie sonst auch gäbe es überhaupt das Thema Peter Hahnes, das auch meines ist?

Doch zurück zu Jugendzielen. Da wollte ich mal 2-Meter-Springer werden. Nein, nein, nicht als Profi, sondern möglichst als Olympiasieger. (Übrigens: mein Familienrekord stand damals bei 1,68 m; der Deutsche bei 2,00 m, vom Kölner Weinkötz schon 1937 in München erreicht, und der Weltrekord bei 2,11 m, gesprungen von Lester Steers, USA, 1941 in Los Angeles ... Hätte ich damals schon gewußt, 1983 käme ich wenigstens nach Los Angeles, um vom Leichtathletik-Länderkampf USA – DDR zu übertragen – tja, was dann?)

Zurück zum Damals, 1943, 1944, zu Tatsächlichem. Für ein Ziel drückten wir uns alle gemeinsam die Daumen wund: nicht noch in den Krieg zu müssen. Beim ersten Fragebogenausfüllenmüssen wurde ich dann doch gezwungen, den Berufswunsch anzugeben. Ich Trottel schrieb: Buchhalter! Nichts gegen diese ehrenwerte Tätigkeit, aber alle Kritik meiner Dummheit. Weil ich ein guter Aufsatzschreiber war, dachte ich manchmal daran, später, wenn ich erwachsen wäre, auch mal Bücher zu schreiben. Korrekter ausgedrückt: Ich hoffte, später so gut schreiben zu können, daß daraus vielleicht Bücher würden ... Zur Entschuldigung, Kennzeichnungen wie Autor oder Schriftsteller gehörten nicht zu meinem Wortschatz.

Später dann, als die ersten Lebensdesaster überlebt waren, dämmerte es mir. Du mußt jetzt Ziele ansteuern, möglichst realistische. Du brauchst dabei Hilfe, Unterstützung, Lehrmeister, Vorbilder. Bei diesem Begreifen und Suchen hatte ich dann viel Glück im ganzen großen Glück meines Lebens.

Franz Grillparzer schrieb in einem seiner Stücke: »Für Menschen, nur durch Menschen wird der Mensch.« Sehr wahr. Vielen Menschen, die mir beim Menschwerden Hilfestellung gaben, die halfen, das zu werden, was ich bin, danke ich sehr. Dazu zählt ebenso Peter Hahnes Anstoß wie eine Bemerkung des anderen jungen Bestseller-Autors und Entertainers Hape Kerkeling. Der erst Zweiundvierzigjährige bekannte in einem »Zeit«-Gespräch: »... meine Generation hat Probleme, wenn sie über Faschismus und das ›Dritte Reich‹ nachdenkt.« Vielleicht kann unser öffentliches Nachdenken eine Winzigkeit helfen.

Hier wird von Menschen zu lesen sein. Immer wieder. Zumal das mit dem Wunsch »Zurück zu alten Werten« zusammenhängt. Vorbildkraft, Vorbild Leben gehört dazu. Nicht von denen, die viel haben, können wir lernen, sondern von denen, die etwas sind.

Das geschah im Herbst 1992.

Durchgeschüttelt von deutsch-deutschen Herbststürmen mußte ich, wie viele andere, neu Erkennen und Begreifen lernen. Schwierig, zumal da vieles im Wege stand. Doch es gab auch kluge Hinweise.

So erklärte ein Ex-General und Minister meines Heimatlandes Brandenburg altpreußisch-zackig, wo Ursachen liegen. Im Verproletarisierten: das kann schon Schlimmes bringen. Und ich bin ziemlich urproletarisiert. Vater lange arbeitslos, dann Weber, Großväter aus dem Schlesisch-Lausitzerischen Schmied und Braunkohlekumpel, und noch weiter zurückgeguckt: Landarbeiter, Spreewaldbauern ... Was soll da herauskommen?

Und im bundesrepublikanischen »Begrüßungs«-Text eines hochanerkannten und ehrenwerten Historikers mußte ich lesen: »Die heutige Lage in der ehemaligen DDR ist in der Tat vollkommen anders als bei uns 1945. Das Regime hat fast ein halbes Jahrhundert die Menschen verzwergt, ihre Erziehung, ihre Ausbildung verhunzt. Jeder sollte nur noch ein hirnloses Rädchen im Getriebe sein, ein willenloser Gehilfe. Ob sich dort heute einer Jurist nennt oder Ökonom, Pädagoge, Psychologe, Soziologe, selbst Arzt oder Ingenieur, das ist völlig egal: sein Wissen ist auf weiten Strecken völlig unbrauchbar. In den meisten Fällen fehlt heute vom Fachlichen her eine Berufsperspektive in den Bereichen, in denen mal ausgebildet wurde. Wir können den politisch und charakterlich Belasteten ihre Sünden vergeben, alles verzeihen und vergessen. Es wird nichts nutzen, denn viele Menschen sind wegen ihrer fehlenden Fachkenntnisse nicht weiter verwendbar. Sie haben einfach nichts gelernt, was sie in eine freie Marktgesellschaft einbringen könnten!«

Uff! Wie gesagt, geschrieben von einem hochanerkannten, dekorierten deutschen Zeithistoriker, Juristen, Publizisten, Prof. em. und Dr. jur. zur »freundlichen Begrüßung« von DDR-Menschen 1991 in der Bundesrepublik Deutschland.

Und es ist sicherlich verständlich, wenn nun »ein verzwergter und willenloser Gehilfe« versucht, als »hirnloses Rädchen« weiter deutsche Rechtschreibung zu benutzen ... Also, wenn es noch immer nicht ganz gelingt, wir lernen weiter.

Zurück zum Herbst 1992. Ich beginne von vorn.

Mittag am Alexanderplatz. Von rechts und links fahren dunkle Limousinen vor. Halten gegenüber. Wagentüren fliegen auf. Und stets steigen dunkelgekleidete Männer, Herren aus. Alle tragen Schwarz und gleichfalls dunkle Aktenkoffer. Als mein Gucken und Staunen begann, begann ich auch noch zu zählen. Fünf, zehn, zwanzig PS-Protzer in wenigen Minuten. Dann, ulkige Abwechslung, plötzlich stürmen jüngere Dunkelgewandete durch die Flügeltüren, schwingen sich auf Mini-Roller, stoßen ab, rollern davon und das mit Krawatte, weißem Hemd, schwarzem Anzug ...

Was ist los? Ich dachte an spezielle Feierlichkeiten wie Konfirmationen, Kommunionen, Hochzeiten ... oder großes, neues Beerdigungsinstitut?

Etwas später wurde mir klar: Treuhändermenschen. Aber ich wußte noch immer nicht, was das eigentlich bedeutete. Wie sich herausstellte: jedenfalls nichts Gutes. Und ich ließ mir erläutern: diese »deutsche Treuhandanstalt war bis zum 1. 12. 1994 die größte Holding der Welt. Zuständig für zirka 8 000 DDR-

Betriebe und 4 000 000 Beschäftigte. Der Auftrag lautete, Liquidierung, Sanierung und Privatisierung der bisherigen Volkseigenen Betriebe. Nach der Wirtschaftsunion mit der Bundesrepublik Deutschland durch Treuhandgesetz gegründet, ursprünglich als »Anstalt zur treuhänderischen Verwaltung des Volkseigentums (Umwandlung in Kapitalgesellschaften) geplant. Vorstandsvorsitzende Rainer Gohlke, Detlev Rohwedder, Birgit Breuel.« So steht's in den Geschichtsbüchern.

Seitdem floß eine Menge Wasser Spree und Rhein hinunter, und im Winter 2006/2007, ein Dutzend Jahre nach dem Treuhandende, weiß jeder: Im Osten Deutschlands gibt's Millionen Arbeitslose, wachsende Armut, Unterschichtdiskussionen, Hoffnungslosigkeit nach Tausenden Pleiten und Wirtschaftsbrachen. Nach den Dunkelgekleideten kam die dunkle Bilanz.

Beim Rufen nach Gott und alten Werten muß ich fragen dürfen: Was ist das Christliche an solchem Geschehen? Wo blieb die Nächstenliebe? Oder war sich beim dunklen Munkeln jeder selbst der Nächste?

Ich jedenfalls lernte: liebe Nächste tragen oft Schwarz, und viele Schwarzträger nennen sich Manager. Sie sind die eigentlichen Zauberer der neuen Welt. Die allerbesten von ihnen sind Alleskönner und wahre Hexenmeister. Hokuspokusfidibus und dreimal Schwarzer Kater, schon hüpft aus dem Zylinder ein weißes Kaninchen. Sie zaubern noch aus Mist Geld. Heute liquidieren sie eine Präservativfabrik, morgen sanieren sie ein Bibelunternehmen. Halleluja. Champions sind Vorstandsvorsitzende und ähnliche und kassieren viel Geld.

Wer von uns will, kann die einst erlernte Bruchrechnung auffrischen, wobei, ganz klar, das ostdeutschen

Zwergen kaum gelingen wird. Ich versuche es dennoch an einem Beispiel.

Ein Vorstandsvorsitzender bekommt im Jahr
10 000 000 Euro. Das bedeutet
833 330 im Monat
208 300 pro Woche
29 760 am Tag
Treiben wir den trüben Spaß noch auf die Spitze, das sind bei einem zwölfstündigen Arbeitstag pro Stunde
2480 Euro.

Na bitte.

Nun kann jeder von uns sein Einkommen einordnen. Ganz ohne Minderwertigkeitskomplexe. Nur mit altem Werteverständnis.

Die gemeinten Milliardäre und Supermillionäre werden – wenn überhaupt – einwenden: warum gerade wir als Beispiele, es gibt doch noch andere Reichengruppen in unserer kranken Gesellschaft. Beispielsweise Sportler, Künstler, Medienmenschen. Richtig, und für alle gilt Vespasians »pecunia non olet«, Geld stinkt nicht. Die richtig Reichen pfeifen darauf oder spendieren mildes Lächeln.

Es wäre feige, bei solchen Zusammenhängen nicht auf Gefährliches zu verweisen. Immer ging jeder Krug so lange zum Brunnen, bis er brach. Und auch beschädigte Dämme brechen bei gewaltiger Flut und noch vor der Sintflut. Es lagert Sprengstoff, den Gottfried Benn so beschrieb: Arme wollten immer nach oben, aber Reiche nie nach unten.

Was für eine Spezies Mensch!

In diesem Fünfwörterausrufezeichensatz steckt meine ganze, große, staunende Anerkennung. Doch jeder weiß, was man selber nie könnte, wird oft am meisten beklatscht. Politiker, wie stark, wie stolz das klingt. Sie, lieber Peter Hahne, zählen zu den Journalistenmenschen, die Politikern nahe sind. Wenn ich mich zu denen rechne, die in der Apostelgeschichte »Non possumus« rufen, »Wir können nicht«, vermute ich, Sie könnten ... Oder?

Politik und Politiker. Oft bleibt in unserer Erinnerung, was besonders auffällig ist. Als wir Kriegszeitpennäler im Geschichtsunterricht bei Bismarck anlangten, mußte manches über den ersten deutschen Reichskanzler, Begründer des Deutschen Reiches, auswendig gelernt werden. Lese ich jetzt darüber nach, fallen vor allem zwei Bismarck-Äußerungen auf. Schon 1863 kritisierte er: Politik ist keine exakte Wissenschaft, um im März 1883 im Reichstag nachzuschieben: Die Politik ist keine Wissenschaft, wie viele der Herren Professoren sich einbilden, sondern eine Kunst. Peng! Das saß. Und noch heute müßten alle deutschen Politik-Wissenschaftler mit hochgestreckten Fäusten protestieren, denn seit zig Jahren wird an den meisten Universitäten offiziell Politik gelehrt. Andererseits sollten Vertreter aller Kunststudiengänge und Kunsteinrichtungen aufjaulen: was, wir mit den Politikern auf einer Bank?!

Ein garstig Lied! Pfui! Ein politisch Lied! Schimpft Brander und branst mit seinen Zechgesellen in Leipzigs Auerbachs Keller. Und Goethe, der dort Faust, von Mephisto geführt, auftreten läßt, gab auch mir bei den frühen Kunstetüden und schon beschriebenen Theaterversuchen die Elevenchance, mit den Branders, Altmayers, Frosch im Kellerchor mitzugrölen: »Wir knicken und ersticken ...«

Vox populi, Volkes Stimme. Doch im Original heißt es bei Seneca, dem großen Rhetor, vox populi, vox dei, also Volkes Stimme Gottes Stimme. Hier setze ich – reichlich 2000 Jahre später – ein Fragezeichen.

Nähmen unsere Volksvertreter dieser Epoche wirklich unsere Stimme wahr, unsere Wählerstimmen, müßte vieles anders aussehen. Und, sollte Gottes Stimme wirklich immer auf Volkes Seite sein, na denn, Damen und Herren Politiker, Gnade Gott ...

Ich versuche, wieder ganz und gar irdisch zu werden. Weg von Bismarck und Goethe, hinein ins politische Alltagstohuwabohu von heute. Ist aufgefallen, daß in meiner Betrachtungsreihenfolge die Politiker hinter den Managern und Vorstandsmenschen eingestuft sind? Ja? Dann sind wir uns hoffentlich auch einig, das entspricht allen Realitäten. Vorbei, längst gestorben die Zeit, da Politiker mindestens gleich neben Wissenschaftlern und Künstlern Anerkennung fanden. Damals, bei Griechen und Römern, spielten sie noch die erste Geige. Heutzutage rangieren sie meist nur noch neben den Paukenschlägern.

Das drückt sich auch in der alles beherrschenden Geldtabelle aus. Oben, ganz oben, wo in der Scheinwelt Fußball Bayern, Werder, Stuttgart, Bayer usw. thronen, sitzen satt und sicher die Reichen. Mit riesigem Punkte-, also Kontostand führen Vorstandsvorsitzende, Aufsichtsräte, Manager. Auf den ersten zehn Rängen, nach Stand Ende 2006, die Spitzen von Deutsche Bank, Daimler-Chrysler, SAP, Eon, Adidas-Salomon, BMW, Commerzbank, Deutsche Hypo Bank und Münchner

Rück. Dann folgen noch viele in solcher 1. und 2. Reichen-Bundesliga. Alle aufzuführen, fehlt der Platz, und zudem würde mir schwindlig.

Irgendwann dann kommen die Politiker. Aber auch die besten Gehaltsempfänger der Regierung und des Deutschen Bundestags sind dagegen »kleine Fische«.

So bedeutet das Jahreseinkommen unseres Bundeskanzlers oder der Bundeskanzlerin verglichen mit dem des Deutschen Bank-Chefs eine schallende Ohrfeige gegen Anstand und Vernunft. Wenn der Letztgenannte das Dreißigfache (!) kassiert, kann man nur den Kopf schütteln. Solch Zustand ist eine Volksbeleidigung. Wer erkennt hier noch tatsächliche Leistungs- und Verantwortungsmaßstäbe, oder – Hallo, Peter Hahne! – ursprüngliche und echte Werte? Klar, Kontrakritiker können sich über derart schrullige Vorstellungen eines östlich-provinziellen und früh proletarisierten Naivlings nur wundern. Ja, ich lebe immer noch hinterm Mond. Vielleicht bringen einige westlicher Aufgewachsene aber ein Gran Mitgefühl auf. Ich kann erst seit 16 Jahren dererlei Wertvorstellungen begreifen lernen, weil ich da Bundesrepublikaner werden durfte, sollte, mußte. Nun weiß ich langsam, Gelt schreibt sich nicht mit t.

An der Stelle muß ich Werner Schneyder zitieren. Der Österreicher zählt zu den allerbesten Kabarettisten; zudem hatte ich ihn als Boxkampfringrichter und Box-Kommentator kennengelernt. Also selbstkritisches Baldrian von ihm: »Manchmal gehen mir meine Meinungen auf die Nerven. Aber ich habe keine anderen.«

Doch nochmals zu »meinen« Politikern. Ich konnte sie mir nicht immer aussuchen, was jedoch an der Wirkung nichts ändert. Alle Empfindlichkeiten wuchsen berufsbedingt. Je mehr ich mich mit Rhetorik-Problemen beschäftigte, desto stärker wurde mein Ärger. Sprechen ist materialisiertes Denken, lernte ich. Und daß bei den alten Griechen rhetorisches Können Voraussetzung für alle Karrieren in Politik, Juristerei oder Schulwesen war. Nur der konnte in der Öffentlichkeit etwas werden, dessen Auftreten, vor allem mit *Freier Rede!*, vorbildlich war. Naja, klar – das war. Zum drittenmal benutze ich bewußt die Vergangenheitsform von sein. Doch längst laufen die Dinge anders. Manche meinen immer noch, Bewußtsein bestimmt das Sein, andere setzen aufs Gegenteil. Und nicht nur im Rhetorischen werden gern, bewußt oder unbewußt, wissend oder unwissend A- und B-Note verwechselt. Ich denke auch an Gottfried Kellers »Kleider machen Leute«. Gucken wir uns um. Viele setzen auf »Klamotten« und auf mehr Schein als Sein. Bitte. Ich bin mir sicher, nicht die Rolex am Handgelenk oder ein Jaguar als Wagen verraten den Mann. Ich schau ihm, frei nach Martin Luther, aufs Maul. Wenn er das öffnet, höre ich, vorbei am 10 000-Euro-Zahnersatz, was und wie ist der Mann. Über Frauen will ich in dem Zusammenhang nichts schreiben. Recht so?

Kehren wir auf das glatte Eis der Politik zurück und zum ursächlich Politiker-Polemischem. Dazu bitte ich den alten und klugen Griechen Perikles in den Zeugenstand. Er stellte vor mehr als 2000 Jahren fest: »Weil die Herrschaft bei uns nicht in der Hand weniger, sondern der Gesamtheit liegt, nennt man unsere Verfassung demokratisch ...« Diese Stimme wurde in die ganze Welt getragen, doch nicht überall gehört. Auch nicht in der DDR. Und gilt es noch im Heutigen? Demos, das Volk, schickt zwar seine frei Gewählten in alle Politikgremien von Stadt, Land und Staat. Aber wie viele des Volkes wählen überhaupt noch? Oft weniger als die Hälfte.

Darf man dann noch von wirklicher demokratischer Mehrheit sprechen? Zu fragen ist, warum verweigern sich dermaßen viele vom Volk? Hängt das etwa mit der Qualität der zu Wählenden zusammen? Fragen, viele Fragen. Auch die nach einem längst entstandenen Demokratievakuum. Dazu zählt auch die Sorge, daß Gewählte immer öfter nicht ihrer Grundverpflichtung, dem Gewissen folgen, sondern Parteidisziplin und Fraktionsgehorsam. Und was ist mit dem Plebiszit, der Urvolksabstimmung? Wird hier der Urwert zum Unwert degradiert? Allein schon beim Wort Referendum kriecht manchem Politiker Angst in die Hose. Warum? Gemach, gemach, bevor Kritisierte zur Gegenwehr ausholen: Ich werbe nicht für schweizerische Verhältnisse, fürs Plebiszitgrundsätzliche schon. Also Probleme wie Föderalismusstruktur, Bildungssystem, Gesundheitsreform, Auslandseinsätze der Bundeswehr, Regierungsumzug Bonn–Berlin ...

Politiker sind immer mehr in Kritik geraten. Das ist ein gutes Zeichen von Demokratie. Und mein Grundrespekt vor ihnen ist ungebrochen, wenn sie ehrlich sprechen und handeln, wider das Motto »Omnis homo mendax« – Alle Menschen sind Lügner. Meine allergrößte Hochachtung gehört allen Grunddemokraten, die direkt beim und mit dem Volke arbeiten. In Gemeinden, Kreisen, auf dem Land den Bürgern dienen. Dort ist es am schwersten, bei wenigen Mitteln gibt es stärksten Kontakt. Tag für Tag treffen sie ihre Wähler, müssen Rede und Antwort stehen, im Bäckerladen und Kindergarten, bei Hochzeiten und Beerdigungen. Sie besitzen keine Altersabsicherungen, keine lukrativen »Nebenjobs«. Sie tun. Tag für Tag, dort, wo des »Volkes wahrer Himmel« ist.

Wer unbedingt will, kann mich jetzt beim Widerspruch erwischen. Ich will nämlich einem Superreichen ausdrücklich ein Loblied singen. Michael Schumacher, der Mann aus Kerpen, jetzt da und dort zu Haus, hat aber jeden Lobchoral verdient. Er ist ein Mann, der trotz aller, oder vielleicht gerade wegen seiner Erfolge immer auf dem Teppich blieb. Was, bei Gott sei's beklagt, leider auf die meisten Sport-Reichen nicht zutrifft.

Meine Freunde und Kollegen wundern sich nun wahrscheinlich noch besonders, denn sie kennen meine Zweifel an motorischer Schnelligkeit. Dazu zählen auch Zweifel an den Motor-Rennsport-Auswüchsen, gepaart mit dem Verzweifeltsein im Alltags-Auto-Verkehr. Dort klauen mir tagtäglich dreiste, rücksichtslose Schumi-Spinner das Auto-Vergnügen. Aber – Selbstkritik: Meine Frau, Kinder, Freunde, Kollegen wissen, ich fahre defensiv. Schärfere Kritiker meinen: zu langsam. Bitte sehr; so oder so, ich bin überzeugt, führen alle meinen Antirennfahreralltagsstil, käme es zu weit weniger Unfällen.

Im übrigen hielte ich es für wertvoll, das im Zusammenhang mit unseren Comeback-Beschwörungen alter Werte zu betrachten. Wann und wo hat der heutige Mensch, der noch Arbeit besitzt, wirklich Zeit? Wenn ich es richtig beschreibe, stammt die fatale Dekretverkündung »Zeit ist Geld« von Benjamin Franklin. Vernünftige Menschen, die sich mit diesem Zeitproblem wissenschaftlich befassen, erklären, der heutige Mensch, der homo oeconomicus, bestraft sich doppelt, weil er in die Zeit- und Geldfalle stolpert.

Nur wenige Illustrationen ... Der Amerikaner verbringt jedes Jahr etwa 1500 Stunden im Auto und legt dabei

– durchschnittlich – 7500 Meilen zurück. Bitte: teilen wir Weg durch Zeit, das Resultat heißt Geschwindigkeit. Des Amerikaners Durchschnitt liegt bei 5 Meilen. Was hat er also gewonnen? Rechnen wir noch alle und überall anzutreffenden Stauzeiten und Unfallrisiken hinzu, kann man wohl kaum noch vom Vergnügen des Autofahrens sprechen. Doch der Mensch bildet sich das ein, und der Don Quichote unserer Zeit, der homo oeconomicus, der Narr von Zeit und Geld, glaubt fest daran.

Und bitte, da wir nicht vergessen wollen, es geht um den Ruf nach Gott und alten Werten, sei erinnert: Einst lebten Mönche nach dem »ora et labora«, bete und arbeite. Längst und immer krasser wird das »schaffe, schaffe, und raffe, raffe« zur verhängnisvollen Lebensmaxime.

Jetzt aber auch in »Windeseile« zurück zu Michael Schumacher. Der PS-Champion wird von derartigen Zweifeln und kritischen Urteilen nicht berührt. Noch immer gilt, wie seit über 100 Jahren: Schnelles Autofahren auf abgeschirmten und gesicherten Strecken ist Sport. Viele, viele mögen ihn, andere nicht. Aber auch die Streitenden werden dem Urerfinder des »Fahrzeuges mit Gas- bzw. Petroleumkraftmaschine«, Gottlieb Daimler, kaum anerkennenden Beifall versagen. Viele Millionen Menschen gewannen und gewinnen dadurch Alltagsfreuden und Berufserleichterungen. Kritischen bleibt der Dauerwunsch gestattet, Müller, Schulze, Lehmann mögen PS-infiziert nicht Schumacher spielen.

Der siebenfache Formel-1-Weltmeister und einundneunzigfache Grand-Prix-Gewinner absolvierte eine überragende und einmalige Karriere. Die von mir als jungen Burschen verehrten Rudolf Caracciola, Manfred von Brauchitsch, Bernd Rosemeyer, Tazio Nuvolari und, und ... besaßen alle prima Klasse. Ich könnte auch noch Männer wie Paul Greifzu, Artur Rosenhammer, Willi Lehmann, Heinz Melkus ausdrücklich und anerkennend in Erinnerung rufen. Bei meinen wenigen aktiven Reportereinsätzen im Motorrennsport durfte ich sie kennenlernen, und meine Hochachtung bleibt bis heute groß. Was diese Rennwagenkönner Anfang der fünfziger Jahre auf die Beine stellten, korrekter, auf die Achsen brachten, ist für Jetzige kaum noch zu begreifen. Sind es heute bei Ferrari und allen anderen Großen Riesenteams, die konstruieren und bauen und betreuen, mußte damals aus Minimalem Maximales erfinderisch, kämpferisch, leidenschaftlich geleistet werden. Es ist unvergessen.

Michael Schumacher wird sicherlich solche historischen Zusammenhänge anerkennen. Nichts kommt aus dem Nichts. Und so wird es nach Schumacher neue Champions geben. Wahrscheinlich ebenso neue Höchstgeschwindigkeitsversuche, auch wenn ich sie für überflüssig halte. Nach den Cobb und Arfons, den meisterwähnten PS-Hasardeuren, die den Auto-Weltrekord bis an die 1000 km/h trieben, werden andere folgen, die Kopf und Kragen riskieren. Schumacher stieg bei 250 Grand-Prix-Rennen ins Cockpit und hat mit den Tausenden Versuchs- und Trainingsrunden da und dort auch Tausende Male sein Leben riskiert, aber er war niemals ein Hasardeur, sondern immer beherzter, mutiger und zugleich intelligenter und besonnener Meister. Er ist für mich einer der wenigen, dem ich das Wort *verdient* zubillige. Keinem überreichen Fußballspieler, Golfer, Boxer, Tenniscrack ...

Und: Schumacher war fast immer Gentleman; freundlich, fair, kollegial, hilfsbereit, Familienmensch, kinderfreundlich. Er kam von unten und raste ganz nach oben, aber er verirrte sich nicht.

Wieviel Gutes, wieviel Schönes steckt in diesem Wort! Und welch Schindluder wurde schon mit ihm getrieben! Heimat, das macht glücklich, und Heimat kann Schande bringen. Immer und immer wieder wurde es in der Geschichte mißbraucht. Wir müssen unsere Heimat bis zum letzten Blutstropfen verteidigen, heuchelten uns sogenannte Vorgesetzte, Befehlsgeber; und Pfarrer segneten die Waffen. Menschen fielen zuvor über die Heimat anderer her, brandschatzten, töteten Frauen und Kinder. Heute, 2006, 2007 nach Christi Geburt, versündigen sich Menschen wieder. Da und dort, in der Heimat anderer Menschen.

»Heimat, deine Sterne, sie leuchten so am Firmament ...«, sang im Krieg ein Wilhelm Strienz jeweils am Ende der »Wunschkonzert«-Radiosendungen aus dem großen Sendesaal des Reichsrundfunkhauses in der Berliner Masurenallee. Das wurde 1949 meine zweite Radioheimat nach dem Beginn im heimatlichen Cottbus. Staunend ging ich durch das riesige Haus, in dem nun Bully Bulan, Ingeborg Oberländer, Detlef Laiß, Gloria Astor und andere Bestaunte mit dem Großen Rundfunktanzorchester auftraten, dabei – als Klasse-Soloklarinettist – mein heimatlicher Landsmann Günter Gollasch, der aus Burg im Spreewald stammt; später leitete er jahrelang in meiner dritten Radioheimat Nalepastraße das RBT. Doch wenn ich 1949/50 über die vielen Korridore ging, mit dem alten Paternoster zur Kantine fuhr, staunte ich weiter. Hier waren die damaligen Sportreportergrößen um Rolf Wernicke zu Haus, beim Wunschkonzert traten Ilse Werner, Heinz Rühmann, der von mir besonders verehrte, bis heute immer noch, Johannes Heesters auf ... Sie sangen und spielten für die Kriegsverletzten im Sendesaal und zum Mutmachen für die Soldaten an der Front; und sie konnten allesamt nach dem Krieg in anderen Sendeanstalten ihre Karrieren unzerstört fortsetzen ... Am Ende jener Nazi-Wunschkonzerte rief dann Heinz Gödicke, Chef-Conférencier dieser Jahre, Saalgästen und vor allem Frontsoldatenhörern zu: »Die Front, sie reicht der Heimat nun die Hände, die Heimat gibt der Front die Hand! Ein schöner Abend geht zu Ende. Auf Wiedersehen, sagt das Vaterland!« Tosender Applaus. Ich hörte das zu Haus, sechzehnjährig; ich habe es nie vergessen.

Als ich dann selbst noch auf Christenbefehl meine Heimat verlassen mußte, hatte ich gewaltige Angst, Angst vor allem Kommenden, und den brennenden Wunsch, nicht noch anderer Menschen Heimat überfallen und zerstören zu müssen und möglichst bald und gesund wieder nach Hause zurückzukehren.

Zu Hause, das ist Heimat. Wo Eltern sind, Geschwister, Großeltern, Freunde, Lehrer, erste Freundin, wo Sport begann, Theaterbesuche, Krankheiten und Operationen, Kinder, Ausflüge – wo nun die Gräber sind. Ich poche auf meine Geschichte. Jeder darf das für sich reklamieren, keiner darf Richter sein. Ja, es gab, es gibt Versuche, Heimat und bestimmte Leben schlechtzumachen. Manche betreiben es mit dummen politischen und ideologischen Vorbehalten. Und mit infantilem Nachbeten: »Ostalgie ...« Denen ist nicht zu helfen; und sie sind nur eine Zeile wert.

Jedem Menschen steht es zu, seine Heimat und den damit verbundenen Lebensweg lebenslang zu ehren, und jeder sollte sich wehren gegen Diskreditieren und

Diskriminieren. Ein Blick in das Grundgesetz der Bundesrepublik, das ich für die beste Verfassung der Welt halte, sollte Vergeßliche und/oder Bösewichte belehren.

Grundrechte Artikel 1:

Die Würde des Menschen ist unantastbar. Sie zu achten und zu schützen ist Verpflichtung aller staatlichen Gewalt. Das deutsche Volk bekennt sich darum zu unverletzlichen und unveräußerlichen Menschenrechten als Grundlage jeder menschlichen Gemeinschaft, des Friedens und der Gerechtigkeit in der Welt.

Und noch: Artikel 3:

Alle Menschen sind vor dem Gesetz gleich. Männer und Frauen sind gleichberechtigt. Niemand darf wegen seines Geschlechts, seiner Abstammung, seiner Rasse, seiner Sprache, seiner Heimat und Herkunft, seines Glaubens, seiner religiösen oder politischen Anschauungen benachteiligt oder bevorzugt werden.

Besser kann man das nicht sagen. Zum »Hinternspiegelstecken«!

Ich weiß nicht, Peter Hahne, hat Sie schon mal jemand der »Westalgie« verdächtigt? Na also ... Bitte, lassen Sie mich weiterhin mit Ihnen freundlich streiten, um gemeinsam bessere Ufer zu erreichen. Gut? Mir fiel auf, in Ihrem 143-Seiten-Buch taucht das Wort, der Begriff Heimat nur einmal auf.

Trotzdem glaube ich uns einig. Ja, Heimat, Heimatliches, Heimatbewußtsein gehören zu den besten alten Werten. Sie erinnern sich auf Ihrer Seite 100 an heimatliche Erntedankfeste. Ich kenne das auch noch aus meiner Lausitzer Zeit. Wahrscheinlich urteilen wir ähnlich: Auch die sind heute längst nicht mehr das, was sie mal waren.

Aber, lassen Sie mich fragen. Sie studierten Evangelische Religion. Da sind Ihnen doch die angeblich 3000 klugen Sprüche des Weisen Salomo viel näher als mir. Einen behielt ich im Gedächtnis: Ein Jegliches hat seine Zeit. Ist es vermessen, wenn ein Ex-Kirchenmitglied sich getraut, dazu Ja und Amen zu sagen?

Auch Ost und West, West und Ost hatten ihre Zeit. Durch die Geschichte. Als Resultat deutscher Geschichte, von Deutschen verursacht, daher von Deutschen zu verantworten. Nun, da sich alle Welt nach Frieden sehnt, sollten doch endlich auch alle deutsch-deutschen Kriegsbeile begraben sein. Kleiner Frieden kommt vorm großen. Heimat Ost, Heimat West – alles deutsche Heimat.

Übrigens, ich wollte meine Heimat auch nie verlassen. Weil sie mir gehört, weil ich zu ihr gehöre. Ich hätte sie x-mal verlassen können. Andere wollten das immer, doch es wurde ihnen verwehrt, verweigert. Das waren und sind Menschenrechtsverletzungen, die ich verurteile.

Lauck

Es war Mitte September, genau der 16. 9. 2006. Sportfreunde hatten mich nach Sielow eingeladen. Sielow gehört jetzt zu Cottbus, meinem Heimatort. Im einstigen Dorf Sielow wurde am 16. September 1946 Reinhard Lauck geboren. Als Knirps spielte ich mit der Schülermannschaft des CSC Friesen Cottbus auch in Sielow, und als Pennäler und Pimpf führten mich Wandertage oder Pflichtmärsche auch dorthin. So kenne ich noch Scheunen, die unser Nachtquartier waren.

Lauck, den sie zu Hause frühzeitig Mäcki nannten, begann in Sielow seine Fußballerlaufbahn. Jetzt wohnen übrigens ganz in der Nähe einige Bundesligaprofis von Energie Cottbus, auch der populäre Torwart Piplica. An diesem 16. September 2006 wäre Lauck 60 Jahre alt geworden. Doch er starb bereits 1997, gerade 51 Jahre alt.

Sein Lebensweg kennt Höhen und Tiefen und ein dramatisches Ende. Jetzt kamen auch, extra aus Jena angereist, seine Fußballweggefährten Peter Ducke und Lothar Kurbjuweit, dazu Auswahltrainer Georg Buschner, achtzigjährig; er und seine Frau scheuten nicht den weiten Weg. Aus Dresden suchten auch Mäckis Mitstreiter beim Olympiasieg 1976 in Montreal, Reinhard Häfner und Dixie Dörner den Weg nach Sielow. Und mit zahlreichen Sielower Einwohnern weihten wir vor dem schmucken Vereinsheim eine Ehrentafel für Laucks Fußballerleistungen.

Von Sielow führte sein Weg nach Cottbus, und dort reifte er schon zum DDR-Juniorenauswahlspieler. Union Berlin schaffte mit ihm den Pokalsieg, und beim BFC Dynamo, mit dem er drei Meistertitel gewann, erlebte Lauck seine erfolgreichsten Jahre. 33 Länderspiele gehören dazu, darunter der absolute Höhepunkt mit dem 1:0 über die bundesrepublikanische Mannschaft bei der Weltmeisterschaft 1974. Im Team Georg Buschners bot er eine Glanzrolle. Als kampfstarker Mittelfeldakteur, wie ein Perpetuum mobile immer auf Achse, schaltete er die gegnerischen Spielmacher aus. Erst Overath, dann Netzer. Von überall erhielt Reinhard Lauck erstklassige Kritik.

Daran und an viele andere gemeinsame Erlebnisse erinnerten wir nun am Rande seines Heimatspielfeldes, wo alles begann. Jeder von uns sprach einige Worte des Dankes, und alle betonten seine freundliche Kameradschaft, das stille und bescheidene Auftreten, die Zuverlässigkeit.

Nach der bemerkenswerten Laufbahn arbeitete Mäcki in seinem Beruf als KFZ-Schlosser. Dann kam das, was man die Wende nennt. Es wendete auch sein Leben. Total. Vorerst erhielt er noch Arbeit in einem Westberliner Baubetrieb. Doch immer verhängnisvoller schlich sich Alkohol in sein Leben. Bald zählte er zur ständig wachsenden Riesenmannschaft der Arbeitslosen. Und er unterlag, wie viele Tausende.

In einer düsteren Herbstnacht 1997 fand man ihn als »hilflose Person«, wie es der Polizeibericht meldete, und mit schwerer Kopfverletzung in einer Straße vom Prenzlauer Berg. Keine Notoperation konnte ihm noch helfen.

Jetzt, in Sielow 2006, ganz nahe den Wurzeln des Lauck-Lebens, werden alle angereisten Wegbegleiter und Mitstreiter Mäckis wohl das Gleiche gedacht haben: Wo waren wir damals, 1997, und wann schon vorher hatten wir Mäcki Lauck verloren ...?

Mir schwirren beim Schreiben noch die aktuellen Novemberfestreden 2006 durch den Kopf. Wo steht Deutschlands Osten 17 (in Buchstaben: siebzehn!) Jahre nach der friedlichen Novemberrevolution? Manches rednerische Herumeiern könnte lachen machen, stünden wir in immer noch zu vielen Bereichen nicht ziemlich belemmert da. Jajajaja – ich höre auch schon wieder aufgebrachte Kontrakritiker: verdammt noch mal, da ist doch auch viel Gutes, Gelungenes, was zu besingen wäre ... Jajajaja – verdammt noch mal, das Lied stimme ich bei jeder sich bietenden Gelegenheit an, und sofort folgt eine neue Strophe; aber lehren Sie doch bitte einen unterentwickelten Optimisten die hohe Kunst der Schönrederei! Wie macht man das? Wir wollen uns doch alle zu alten Werten neu durchringen ...

Ich versuche es nun am Beispiel Ost-Fußball mit bestmöglicher Ehrlichkeit.

Also, ich sehe seit 1990 für den deutschen Sport und speziell den ostdeutschen ziemlich schwarz. Aber – wo nehme ich jetzt Asche her? – ich irrte auch. Was speziell ostdeutsche Leistungszentren innerhalb des schwächelnden deutschen Spitzensports vollbringen, ist Klasse. Wenige Belege nur: brandenburgische Ruderer und Kanuten, thüringische Biathleten, sächsische und thüringische Skisportler, Rennschlitten- und Bobpiloten, dazu Schwimmer, Leichtathleten von Rostock, Schwerin, Potsdam, Radrennfahrer aus der Lausitz und anderes, was alles ausdrücklich-nachdrücklich zu loben ist. Danke den Sportlern, Trainern, Betreuern, Sponsoren!

Bei dem knapp Beschriebenen blieb vieles gut, neues Gutes kam hinzu. Für Peter Hahne wird das aber alles schon viel zuviel Sport sein. Deswegen betone ich erneut: Sport ist Teil der Gesellschaft. Alles Schlechte, alles Gute spiegelt sich.

Ganz besonderer Beweis ist Fußball. Welch miserable Rolle die Geldsucht spielt, läßt sich bei diesem einst so harmlos geborenen Spiel alarmierend ablesen. Zwanzigjährige Fußballmillionäre sind eine gesellschaftliche, moralische Vernunftsbankrotterklärung. Ich weiß, andere denken anders. Das ist ihr gutes Recht. So wie es meines ist, Unsinn deutlich als solchen zu kennzeichnen. Doch in diesem Trümmerfeld alter Werte, wo ursprünglich auch Leistung und Verdienst in einem gesellschaftlichen Zusammenhang stehen sollten, leben – Gott sei Dank – trotz alledem noch gute Beispiele. Energie Cottbus ist eines.

Wer sich nun die Hände reibt, aha, er wird ein Heimatloblied singen, hat recht. Jawohl! Dieses Beispiel hat es verdient. Ich war auch hier zuerst Schwarzseher. Cottbuser Fußball spielte in DDR-Zeiten nur eine bescheidene Rolle. Dafür brillierten Leichtathleten, Turner, Boxer, Radrennfahrer. Das geschah vor allem in den Erntejahrzehnten der siebziger und achtziger Jahre. Ältere Fußballfreunde wissen aber auch, zu Urgroßvaterszeiten gehörten Lausitzer Vereine zur deutschen Spitzenklasse. Alemannia Cottbus spielte 1905 und 1909 in der Endrunde zur Deutschen Meisterschaft, Askania Forst war 1911, 1913 und 1914 dabei. Und schließlich noch Viktoria Forst, das schaffte es auch dreimal: 1922, 1925, 1926. Tatsächliche Glanzlichter Lausitzer Fußballs, noch bevor in den vierziger und fünfziger Jahren Brieske-Senftenberg, zuvor Grube Marga, von sich reden machten.

Weil ich das alles ebenfalls zum Wertebestimmen zähle, Heimatliches als Kraft und Ansporn, zähle ich noch auf: weit vor Energie hatten wir in Cottbus mehrere Fußballvereine: Brandenburg, Viktoria 97, den FV 1898, CSC Friesen, Union, Wacker, später Cottbus-Ost, das zweimal, 1947 und 1948 Brandenburgs Landesmeister wurde, und überall spielten Kinder- und Jugendmannschaften.

Energies große Zeit begann erst im bundesdeutschen Fußball. Dieses tolle Fazit könnte jeder Festredner in sein 17-Jahre-Lob aufnehmen. Das, was frühere DDR-Renommierte nicht schafften, Dresden, Leipzig, Magdeburg, Erfurt, Jena, die Berliner von BFC und Union, auch die Couragierten von Aue und Chemnitz nicht, und Zwickau war leider schon lange weiter weg, meisterten Rostock und besonders Cottbus.

Wieso gerade Cottbus? Das frage ich manchmal auch. Immer noch. Vielleicht ist die simpelste Erklärung noch die allerbeste. Energie nutzte die Gunst der Stunde mit Fleiß, Hartnäckigkeit, Bescheidenheit und viel Glück, und mit den dauerhaft lebensrichtigen Grundsätzen: auf dem Teppich bleiben, die Kirche im Dorfe lassen, nicht nach den Sternen greifen. Quatschköpfe, Großmäuler, Wichtigtuer, Scharlatane, Glücksritter hatten nie eine Chance. Dafür ist hier der Boden zu trocken, die Trauben hängen zu hoch, die Menschen sind realistisch. Deshalb, totales Verschaukeln wie in Dresden oder Leipzig war nicht drin. Hier galt und gilt: Bleibe im Land und nähre dich redlich.

Daß dieser niederlausitzer Verein fast ohne heimatliche Spieler spielt, trifft heute auf jeden Bundesligaverein zu, mehr oder weniger. In reichen Vereinen wie München, Dortmund können sich Talente noch sicherer fühlen, es ist schwerer sie wegzukaufen. Cottbus, die Lausitz verlor sie immer. Siehe Troppa, Lauck, Riediger usw. ... Energie spielt nun schon das zehnte Jahr in der Bundesliga. Daß sich dabei ein eigenwilliger Dreijahreszyklus entwickelte – drei Jahre 2. Liga, drei Jahre 1., drei Jahre 2. – mag Zufall sein. Es kündet jedoch auch von Hartnäckigkeit, die bisher wenige kleine von Bayern bis Schleswig, Sachsen und Vorpommern zeigten.

Auch für diese Saison 2006/2007 wurde Cottbus von allen Seiten bestätigt, erster Abstiegskandidat zu sein. Drei Experten, Helmer, Rangnick und Schumacher, stellten im Fachmagazin »Kicker« Cottbus von allen 18 Erstligamannschaften für alle Bereiche vom Torhüter über Defensivverhalten, Offensivstärke, Taktik, Neuzugänge, Total-Personal, Trainer bis Umfeld die schlechtesten Noten aus. Mithin – ein hoffnungsloser Fall. Aber wieder heißt es: abwarten und Tee trinken.

In Cottbus und ringsherum, wo es Arbeitslosenquoten bis über 20 Prozent gibt, gäbe es Riesenhallo, wenn's erneut anders käme. Schwer, sauschwer wird's, das weiß jedermann. Alle Zehntausende, die Spiel für Spiel Energie die Treue halten, verdienen aber noch für eine andere Tugend Sonderlob. Für weltoffenes, freundliches, vorbildliches Verhalten. Derzeit spielen Kicker aus Bosnien, Polen, Brasilien, Kanada, Rumänien, Ungarn, Kroatien, Kamerun, China und Albannien für die rotweißen Cottbusfarben. Jeder von ihnen genießt Gastfreundschaft, ob er als Junggeselle oder mit Familie Zeit-Cottbuser ist. Alle im Team werden geschätzt und gefeiert, wie die Deutschen auch.

In der Werteliga des internationalen Zusammenlebens zählen Cottbuser und Energieanhänger zu den Liga-Besten.

In der Etatrangliste, bei den Einkauf- und Gehältermöglichkeiten sind sie allerletzter.

Stürmer sind des Fußballs Feuermacher. Sie bringen uns das Ziel des Spiels: Tore. Sie machen das Kraut fett.

So, nun verfügen meine Fußballkritiker über genügend Rückschußmaterial; Trainer können milde lächelnd die Köpfe schütteln – man sieht wieder, der hat eben keine Ahnung. Er – also ich – weiß nicht, daß das Angreifen schon beim eigenen Torwart beginnt, daß heutzutage alle hinten und alle vorn »arbeiten« müssen, Verteidiger und Stürmer sein ... Bitte schön. Ich weiß eins, von Anfang an, seitdem ich mit diesem Sportspiel zu tun bekam, Ziel ist es, einen runden Ball in das Viereck von 7,32 m mal 2,44 m zu bugsieren. Tore machen das Kraut fett. Ich wiederhole diesen Satz, und natürlich sollen die möglichst immer in den anderen Kasten rein ...

Solche simplen Erläuterungen waren notwendig, weil ich nun ganz speziell Fußballstürmern ein Loblied singen will, doch dabei wieder selbstschützend hinweise: alle Elf machen erst die richtige Mannschaft. Und deshalb könnte auch jeder Torwart, jeder Abwehr- und Mittelfeldspieler als Vorbild gelten, brächten sie für ihren Part gleiches Können auf die Waage wie die nun von mir Gemeinten und zu Lobenden. Nicht von Pelé und Maradona, Ronaldinho und Zidane ist die Rede, sondern von unseren Himmelsstürmern Uwe und Peter. Der eine von da, der andere von hier.

Für den Weltmeister von 1954 kam nach Fritz und Ottmar Walter und Rahn Uwe Seeler auf die Kicker-Bühne. Ich erlebte ihn zuerst bei den WM-Partien 1958 in Schweden. »Uns Uwe« war vorn der Mann, der es zum Krachen brachte. Er begeisterte mich und alle Reporter, und seine Millionen Fans zu Hause feierten ihn. Total brachte es der Ur-Hamburger auf über 1000 Tore, er spielte 72 Länderspiele, war bei vier Weltmeisterschaften dabei und ist jetzt einer der vier Ehrenspielführer der Nationalmannschaft. Mehr Statistik will ich nicht benutzen, weil Uwe Seeler für mich mehr ist, als der Mann am Ball. Noch heute, besser wohl, besonders heute kann der Hamburger allen Jungmillionären Vorbild sein, weil er vorlebte. Keiner und kein Geld konnte ihn von zu Hause locken. 900 000 Mark, die ihm 1961 Inter Mailand bot, galten damals nicht als Klax. Jetzt würden sie den Ballack und Co nur mildes Schmunzeln abringen. Seeler schlug aus. Blieb zu Haus. Uwe bot auch im Boulevard niemals Affären und Tratschmaterial. Er war ein Star ohne Allüren, blieb guter, freundlicher und hilfsbereiter Mensch bis heute.

Genau das erzähle ich von einem anderen Weltklasse-Himmelsstürmer, der fünf Jahre jünger ist als der nun siebzigjährige Uwe Seeler, und ich meine Peter Ducke. Der bestritt 68 Länderspiele für die DDR, schoß – wie Seeler – oft entscheidende Tore, lebte jedoch in einer anderen Welt, wo generell kleinere Brötchen gebacken wurden. Der »Schwarze Peter«, unorthodox im Spielen, ein bißchen auch im Leben, zählte in seinen stärksten Jahren zu den allerbesten Mittelstürmern, und bei vielen versteckten oder deutlicheren Angeboten von da und dort kam er sicherlich ins Grübeln. Mach ich es, das hieß »abhauen«, oder mach ich es nicht. Peter blieb. Kehrte seiner Heimat, seiner Mannschaft, seinen Hunderttausenden Anhängern nicht den Rücken.

Croy und Streich, Dörner und Kreische, Vogel und Weise, und, und ... handelten ebenso.

Wozu ich nachdrücklich betone: Jeder Mensch muß die Freiheit besitzen, über sein Leben zu entscheiden.

Daß dies in der DDR für diejenigen nicht möglich war, die nichts von der DDR hielten, ist ein Menschenrechtsvergehen. Und weil ich über Fußballspieler nachdenke, nie würde ich über Spieler, Sportler den Stab brechen, die auf »illegale« Weise das Land verließen.

Aber, da wir über »alte Werte« diskutieren, ist Treue ein Uraltwert, der heute noch Gültigkeit besitzen sollte? Christliche Meinung über Treue klingt sehr definitiv. Zwei Beispiele: Treu bis in den Tod, Treu und Glauben halten ... Lange könnten wir nun streiten: Bis zu welchem Handlungs- und Haltungspunkt gilt Treue als gut und richtig, und wo beginnt Treue dumm und falsch zu sein? Ein so intelligenter Ironiker wie Heinrich Heine trifft da leicht den Punkt. In der »Harzreise« heißt es: »Wüßte ich nicht, daß die Treue so alt ist wie die Welt, so würde ich glauben, ein deutsches Herz habe sie erfunden ...«

Zu meinen Himmels-Stürmern, die beide in »ihrem Lande« blieben, die viel Geld sausen ließen: Heutige sollten nur wissen, wie es war, und sich eigene Meinung bilden. Ich verehre Uwe und Peter und viele dazu. Jeder Mensch ist abhängig von der Welt, in der er lebt oder leben muß. In meinen Reporteranfangsjahren begeisterte mich Hans Schöne vom zweifachen brandenburgischen Landesmeister Cottbus-Ost. Ihm und vielen seiner Generation raubten Kriegsjahre mögliche Karriere-Höhepunkte. Nach 1990 schufen andere, neue Umstände und Tatsachen für Ducke-Nachfolger riesige Chancen, die Stürmer wie Kirsten, Minge und ein paar Dutzend andere Ost-Spieler inzwischen zu mehr oder minder lukrativen Laufbahnen nutzten, mindestens nutzen konnten. So ist das.

Man nennt es Geschichte, und die wechselt, immer wieder: und mal so und mal so.

Wie viele Gedanken mischen sich in diesem Wort? Jeder fragte sich bestimmt schon dutzende Male: Was ist ein Freund, wer ist mein Freund? Sicherlich gibt es darauf unterschiedlichste Antworten. Ich frage mich immer noch. Auch: wann mündet gute, beste Kollegialität in Freundschaft? Gibt es Kriterien, Merkmale fürs Freundsein? Wenn ja, bitte, welche sind das, sollen es sein?

Fragen, Fragen, Fragen.

Dagegen ist die Frage, ob Freundschaft zu den alten, jetzt so heftig beschworenen Werten gehört, ein Klax. Na klar!

Frank Schöbel und ich, wir feiern jedes Jahr am selben Dezembertag Geburtstag, nur, er mit für ihn glücklichem Abstand. 15 Jahre jünger ... Wegen des gemeinsamen Schütze-Daseins sind wir uns oft nahe, bestritten erfolgreiche Sendungen, tauschen uns über dies und jenes aus, aber wurden wir deshalb Freunde? Was meinst Du, Frank?

Ich komme darauf, weil mir beim Überlegen und Nachdenken unsere gemeinsame Teilnahme an der Fußballweltmeisterschaft 1974 einfällt. Frank sang zur Eröffnung im Frankfurter Waldstadion vor 62 000 Zuschauern, und vor den Bildschirmen weltweit sollen es 600 Millionen gewesen sein. Jedes Teilnehmerland war gebeten, zur WM-Ouvertüre einen Beitrag zu leisten. Für die Bundesrepublik trat eine Trachtengruppe auf. Komisch? Frank Schöbel als »DDR-Starter« hatte sich mit Komponist Gerhard Siebholz den Titel »Der Fußball ist rund wie die Welt« ausgedacht. Kultur-Oberen gefiel jedoch das Plattenrückseitenangebot besser. Und so trat Frank mit »Freunde gibt es überall ...« auf, wofür ihm das Gastgeberpublikum viel Beifall schenkte.

Gibt es überall auf der Welt Freunde?

Sicherlich, es kann sie überall geben, und es ist gut und richtig, daß wir sie überall suchen, oder wenigstens suchen sollten. Nicht umsonst sind sich unsere Wörter Freund, Freundschaft und freundlich sehr ähnlich, gleichen Ursprungs. Doch ganz bestimmt auch unterschiedlicher Wertigkeit.

Bei meinen Schauspielversuchen nach dem Krieg packte mich immer wieder der Ehrgeiz, Rollentexte zu lernen, die damals überhaupt noch nicht für mich in Frage kamen. Am liebsten nahm ich mir berühmte Klassikerpartien vor, immer hoffend, irgendwann bin ich an der Reihe ... Bis heute sind Fragmente geblieben, gängiger Zitatenschatz. Aus Shakespeares »Hamlet« – nein, nein, nicht der populärste, – sondern aus dem 1. Akt »A little more than kin, and less than kind« – Mehr als befreundet, weniger als Freund.

Ach ja, wäre es doch wenigstens so, daß wir viele Freundschaften wünschen, da und dort befreundet sind, und manchmal wirklich Freunde wurden. Und, gibt es schönere Worte als die von Schiller und Beethoven, die aus der »Ode an die Freude« die 9. Sinfonie mit dem herrlichen Schlußchor machten: »Alle Menschen werden Brüder ...«

Wie himmelweit weg sind wir aber immer noch 2007?

Siebziger

Über zwei Siebziger will ich auf meiner Wertesuche besonders Freundschaftliches schreiben. Ich habe beiden Besonderes zu danken.

Der eine, Wolfgang Behrendt, ist jetzt, zu dem Zeitpunkt, da ich das in eine altmodische und zuverlässige Erika-Schreibmaschine Nr. 6 660 455, gebaut in Sömmerda/ Thüringen klappere, schon $70\ ^{1}/_{2}$ Jahre alt. Der andere, Helmut Recknagel, gerade 70, stammt aus Steinbach-Hallenberg in Thüringen. Doch zum Älteren, einem Urberliner.

Das sagt er gern von sich, von seiner Frau und seinen Kindern. Seit dem 1. Dezember 1956 verbindet uns ein Ereignis, dem manche den Zusatz »sporthistorisch« geben. Der damals junge Mann von der BSG Einheit Weißensee, gerade 20 Jahre alt, gewann als Bantamgewichtsboxer die erste Goldmedaille für den DDR-Sport. Wolfgang besiegte den Südkoreaner Song, und ich hatte das Glück, dies als Rundfunkreporter aus dem Westmelbourne-Stadion zu schildern. Pech gab's nur mit der seinerzeit noch nicht stabilen Technik. Auf dem kontinentenweiten Weg Australien bis Europa blieb gerade Wolfgangs entscheidende dritte Runde auf der Strecke, ging irgendwo k.o. Erst ärgerten wir uns beide; doch längst ist das ein Fetzen olympischer Radiogeschichte.

Mit Wolfgang verbindet mich inzwischen aber noch viel mehr. Er arbeitete später als Kameramann beim DDR-Fernsehen, und wir waren und sind bis heute zu vielen Veranstaltungen vor inzwischen Tausenden von Menschen unterwegs. Der Olympiasieger von damals erfreut dabei nicht nur mit seinem Berliner Witz, sondern auch mit seinem Können als Freizeittrompeter.

Was kein Maske, kein Klitschko bringt, schafft Wolfgang als »Satchmo«-Amateur mit »Strangers In The Night« oder »Hello Dolly« ...

Das Publikum freut sich, lacht. Und wir beide können nur lachen, wenn sich heute, bis heute mit historischem Wissen und Gewissen hinterm Mond Gebliebene ärgern: »erste Goldmedaille für den DDR-Sport« ... Wir freuen uns, daß es vor Wolfgang schon andere erfolgreiche deutsche Box-Olympiasieger gab, Kaiser und Runge 1936 oder den Silbermedaillengewinner von 1952 in Helsinki, Basel, dessen Kampf ich auch übertrug.

Wolfgang Behrendt schrieb nicht nur ein Blatt deutscher Sportgeschichte, er hat sich stets dafür eingesetzt. So war er auch Mitglied des Nationalen Olympischen Komitees der DDR und dann des NOK der Bundesrepublik Deutschland.

Für diejenigen, die deutsche Sport- und deutsche Radio- und Mediengeschichte nicht kennen, oder kennenlernen wollen, endlich, kommt es nun noch einmal dick. Skispringer Helmut Recknagel avancierte 1960 zum allerersten deutschen Skisprung-Olympiasieger. Er gewann im us-amerikanischen Squaw Valley Gold. Jenes Ereignis wird noch von besonderem Deutsch-Deutschen und Amerikanischen begleitet. Ein Teil der Trainer und Betreuer aus der DDR erhielt als Mitglieder der Gemeinsamen deutschen Mannschaft von den USA-Behörden keine Einreise-Visa. Auch wir Journalisten nicht. Im doch demokratischsten Land der Welt tobte die McCarthy-Welle. Alles, was aus dem Osten, auch aus dem deutschen Osten kam, war kommunistisch. Wir Reporter saßen auf gepackten Koffern, mußten sie wieder auspacken und fabrizierten dann aus den Heimatstudios und mit der Unterstützung von

DDR-Offiziellen, die man auszuschließen sich nicht getraute, unsere Sendungen. Ja, unvergessene Sportgeschichte, Olympiageschichte. So etwas gab's!

(Zwischenfrage an Peter Hahne: Meinen Sie, das hatte etwas mit alten, menschenfreundlichen, menschenverbindenden Olympiawerten zu tun?)

Doch zurück zu Helmut. Als erster Nichtskandinavier gewann er 1957 am berühmten Holmenkollen vor Oslos Toren. Auch deshalb wohl war er zum Fahnenträger der deutschen Olympiamannschaft 1960 erkoren. Ebenfalls 1957 gewann er die internationale Flugwoche von Planica. Dreimal siegte Helmut bei der Vierschanzentournee und wurde Skisprungweltmeister in Zakopane. Nach seiner Sportkarriere studierte er Veterinärmedizin und promovierte an der Humboldt-Universität. Dr. Recknagel war wie Wolfgang Behrendt Mitglied des NOK der DDR und dann auch drei Jahre Mitglied des NOK der Bundesrepublik.

Über ihn zu schreiben verpflichtet, seinen Trainer Hans Renner zu ehren, der dem deutschen Skispringen mit dem Mattentraining erfolgreiche Impulse schenkte.

Schließlich gehört für mich beim Würdigen dieser verehrten Siebzigjährigen auch der Dank und die Bronze-Anerkennung für Harry Glaß dazu. Mich beschenkte das Geschehen vom 5. Februar 1956 auf der Trampolina Italia von Cortin d'Ampezzo. Harrys Bronzeplatz hinter den Finnen Hyvärinen und Kallakorpi wurde auch zum kleinen, großen sporthistorischen Erfolg, zur Premierenmedaille für die DDR und zur allerersten Skisprungmedaille Deutschlands.

Bleibende Werte.

Harry Glaß hat es leider nur bis zum 67. Geburtstag geschafft ...

Wie gern, lieber Peter Hahne, würde ich jetzt mit Ihnen reden. Gerade bei diesem (deutschen) Thema interessierte mich Ihre Meinung. Sie sind studierter Theologe, bekennender Christ. Dazu kämen alle Journalistenvorteile, die Sie ins Gespräch brächten. Wer ist heute Mächtigen so nahe wie Sie? Alle Regierenden, Parteienwichtigen des Landes könnten Sie zum Thema »Heldentum gestern und heute« befragen. Und Chefredakteure, Intendanten. Wo sehen Meinungsmacher Helden? Ich wüßte es auch zu gerne von den Christiansens, Gottschalks, Jauchs ...

Schon vor zehn Jahren schrieb ich »Nachspielzeit«. Damals beschäftigte mich das Thema und jetzt immer noch. Und stärker als in den neunziger Jahren. Besonders der Mißbrauch des Begriffes Helden in der Sportwelt hat zugenommen, wahrscheinlich, weil die Reporter der heutigen Generation noch weniger von deutscher Geschichte wissen. Deren tumbes Heldengeplapper degradiert den Wert des Wortes. Beispiele nur: »Der Held des Spieles, der Held des Tages, der Tore-Held, die Helden der Weltmeisterschaft ...«, und nach unseren »Helden von Bern« nun »die Klinsi-Helden«: Helden wie der Jüngling Podolski, wie Ballack, Kahn, Zettel-Lehmann usw., usw. ... Peinlich und dumm.

Klar, das gab's alles schon vorher, und für Herbert Zimmermann, der das WM-Endspiel 1954 übertrug, war Tormann Toni Turek ein »Fußball-Gott«! Ogottogott. Bisher wählte ich nur Beispiele aus der speziell total überbewerteten Fußballwelt. In anderen Sportarten und dort mit anderen Reportern wird ähnliches »verbrochen«.

Immer wenn es um Sprachmißbrauch und um

Helden-Beleidigung geht, hole ich mir Rat bei Victor Klemperer. Seine »LTI« – Lingua Tertii Imperii – »Sprache des Dritten Reiches« in »Notizbuch eines Philologen«, 1947 erschienen, setzt Maßstäbe und müßte Pflichtlektüre an Universitäten oder Abendschulnachhilfestunden für Sportjournalisten sein. Wohl erneut ein zu frommer Wunsch.

Gerade Heroismus-Diskussionen könnten zur Aufklärung der fragwürdigen Auffassung von Heldentum beitragen. Mit der Nazi-Sprache begann solches Tätertun. Sportberichterstattung spielte sogar eine Vorreiterrolle. Rennfahrer und Boxer waren anfangs Vorbildsubjekte. Von Rennwagen ging es dann zu Panzerwagen und so weiter und so fort. Blutige Helden wurden die ersten Superhelden, und im deutschen Wortschatz fanden kriegerische Begriffe immer mehr Platz. Gefördert speziell, weil führende Sportreporter der Nazizeit auch führende Kriegsberichterstatter wurden und danach wieder erfolgreich die Reporterplätze in deutschen Funkhäusern einnehmen durften.

Und wie geht es uns heute, wenn wir hören, daß »der Bomber der Nation« gefeiert wird, »Granaten an die Pfosten krachen«, »herrliche Kinn- und Leberhaken« den Gegner zu Boden strecken, »taumelnde Ringhelden ums Überleben kämpfen«? Dem sprachgefährdeten Stuß sind keine Grenzen gesetzt.

Klemperer erinnert aber: »Der Heros ist ursprünglich ein Vollbringer menschheitsfördernder Taten ... Heroismus ist umso reiner und bedeutender, je stiller er ist, je weniger Publikum er hat, je weniger rentabel er für den Helden selber, je weniger dekorativ er ist.«

Was ist, wenn nach Gott gerufen wird und zur Rückkehr von alten Werten – gehören alte Helden dazu, oder?

Jetzt geht's aufs Glatteis. Um nicht gänzlich auszurutschen, als Co-Kläger nicht auf die Nase zu fallen, blättre ich nochmals in der Hahneschrift, den 143 Seiten Alarm »Schluß mit lustig«. Ich lese wieder über Rinderwahn und Schweinepest, Vogelgrippiges, bleibe wieder bei »radikaler Ichbezogenheit« hängen, und ... stutze. Kein Hahnewort zum Lasterhaften der Jetzt-Generation, und da soll ich so doof sein und mich dem Prügelthema extra zuwenden?

Aber, noch bin ich beim bloßen Überlegen. Nachdenken: mach ich's, oder kneife ich auch. Die hohe Politik klemmt doch den Schwanz ein, kassiert Lobbywärme und Sympathie-Händedruck von Mächtigen. Laß ich es sein, wenigstens darauf hinzuweisen: Wer nach neuem Wert bei den alten Werten sucht, kann doch nicht über die Uraltfehler des Homo sapiens hinwegblicken, Tabak und Alkohol anno 2007 einfach zur Kategorie Bonbon und Brause zählen?

Tja, wieder beweisen die vielen Fragezeichen auch fehlenden Mut. Mir fallen blaue Flecken von annodunnemal ein. Als ich noch für die Berliner Zeitung Sportkolumnen schrieb, in den sechziger, siebziger und achtziger Jahren des vergangenen Jahrhunderts, kam es zur einzigen Gelben Karte bei allen 1252 Manuskripten, als ich über das Thema Rauchen und Alkohol und das noch im Zusammenhang mit der Vorbildwirkung von Ärzten nachdachte. »Nicht über meinen Tisch«, urteilte der Chef vom Dienst, und damit war's vom Tisch.

Wie so etwas heute ausgeht?

Fest steht: Übermäßiger Alkoholgebrauch und noch immer dicker Raucherqualm bedeuten gewaltige

Gesundheitsgefährdungen und laden der gesamten Gesellschaft riesige Kosten auf. Stets kommt es seitens der Hersteller zu lautstarkem Säbelrasseln, wenn Politiker oder andere, die sich in Verantwortungen sehen, nur Konzeptandeutungen öffentlich machen. Als jüngst der EU-Verbraucherschutzkommissar nur von möglichen Warnhinweisen sprach, trieb das Bierbrauer und andere auf die Barrikaden. »Man behandle den Verbraucher wie einen Konsumtrottel, der vor seinen eigenen Kauf- und Konsumentscheidungen geschützt werden muß.« Willfährige Politik-Opportunisten erkannten sofort die Chance zum Punktgewinn. Ja, beim Alkohol muß man die Kirche im Dorfe lassen, und andere assistierten: Trinken sei nicht mit Rauchen vergleichbar, denn »jede Zigarette sei gleich schädlich, beim Alkohol aber eine moderate Menge überhaupt nicht ...« Und um noch eins zur Selbstberuhigung draufzusetzen: eine Schädigung durch Passivtrinken gebe es grundsätzlich nicht.

Wie wahr! Donnerwetter!

Daß Autoren einer EU-Studie aber erneut 2006 auf katastrophale Auswirkungen von Alkoholkonsum dringlich hinweisen, paßt solchen Besänftigern und Möchtegernen des Wiedergewähltwerdens nicht. »Alkoholkonsum sei für 7,4 Prozent aller Behinderungen, Beeinträchtigungen durch gesundheitliche Probleme und vorzeitige Todesfälle verantwortlich.« So dokumentiert es die Studie. Alle Folgekosten in der EU werden für 2003 auf 125 Milliarden Euro geschätzt. Etwa 60 Milliarden Euro gehen dabei auf das Konto von Produktivitätsverlusten, Fehlen am Arbeitsplatz, Arbeitslosigkeit und frühen Tod.

Und wer bezahlt das alles? Wir alle mit.

Und wer sträubt sich gegen alle Vorschläge, europaweit eine Höchstgrenze für Alkohol am Steuer einzuführen? Vorgeschlagen sind im Normalfall 0,5 Promille und 0,2 Promille für junge Fahrer und Berufsfahrer. Ich mache aus meiner Traumvorstellung kein Hehl: 0,0 für alle und überall, das wäre richtig!

So bin ich auch bereit, mir noch von anderer Seite Prügel abzuholen, von den Rauchern und Tabakvertretern. Ist es aber normal, wenn einer, der auf alle Rauchergefahren und Folgen hinweist, zum Bösewicht degradiert wird, aber alle, die am Qualm verdienen, Gute sind? Beispielsweise, weil sie an den Standorten unserer deutschen Tabakindustrie Arbeitsplätze sichern. Landesweit soll es sich um zirka 11 000 handeln. Ist es nur blöd, das im Vergleich zu den – beispielsweise – eine Million Beschäftigten der Gastronomie zu sehen, die weiterhin allen Schadstoffen ausgesetzt sind und deshalb 50 Prozent höheres Risiko tragen, an Lungenkrebs zu erkranken? Oberste Gesundheitsschützer in den USA faßten das wieder in einer 700 Seiten starken Studie zusammen. Sie plädieren für umfassende öffentliche Rauchverbote. Eine CSU-Politikerin, Abgeordnete eines bayerischen Wahlkreises, der zum traditionellen Tabakanbaugebiet zählt, konterte: »Nach Untersuchungen, die ich kenne, ist die Gefährlichkeit normalen Passivrauchens überhaupt nicht belegt ...«

So ist das mit uns. Jeder nach eigenem Gutdünken, wie am besten Kapital für die eigene Sache herauszuschlagen ist. Wahrheitsfakten? Wertesuche?

Lieber Peter Hahne, weil es nie zum Gespräch kam, konnte ich auch nie fragen: Sind Sie Raucher? Was halten Sie davon, besonders in allen gesellschaftlichen Zusammenhängen? Und ist Ihre Leber noch okay?

Sie hätten, so oder so, in mir einen bequemen

Gesprächspartner gehabt, denn schon vor bald fünfzig Jahren bescheinigten mir meine rauch- und trinkfesteren Kollegen, ich sei auf diesem Lebensfeld eine ziemliche Pfeife und könnte schon deshalb kaum mitreden.

Na bitte, jeder ist sich selbst der Nächste. Ist das übrigens (noch) ein guter ethischer Wert?

Jedem Hörer und Zuschauer steht sein Urteil zu. Jedem. Also auch mir. Daß ich manches anders sehe und höre, wird kaum überraschen. Seit Jahrzehnten bemühe ich mich, der Handwerklichkeit, dem Mundwerklichen dieses öffentlichen Wirkensdürfen auf die Spur zu kommen. Ich schrieb darüber, tauschte mich mit Reportern anderer Länder und Sprachen aus, diskutierte mit Sprach- und Sprechwissenschaftlern. Ich fand keinen, der das für überflüssig hielt oder als persönliche Marotte abtat. Allerdings einigen hier zu Haus in deutschen Funk- und Fernsehhäusern und in den Kritikrubriken des Feuilletons gefällt es nicht. Bitte sehr, hat das alles doch auch etwas mit persönlichem Geschmack zu tun.

Unstrittig dürfte, müßte aber sein, daß öffentliches Sprechendürfen auch Qualitätsverantwortung in Fragen Sprechen und Sprache voraussetzt und daß dies ein alter Wert ist. Mindestens von griechischer und römischer Kultur vorgegeben und in heutigen Kulturen bewahrt.

Zur Sache, und so emotionslos wie nur möglich ...

Unser aktiver deutscher Wortschatz umfaßt wahrscheinlich zwischen 20 000 und 30 000 Möglichkeiten. Das rückversichernde Wort »wahrscheinlich« muß als Notbremse dienen, weil es – wahrscheinlich – keinen Linguistik-Meister gibt, der im fließenden Prozeß des Gebärens und Sterbens unserer Mutter- und Vatersprache exakte Zahlen vorlegen kann. Für mein Anliegen genügt die Annahme, es sind 20 000. Ein simples, aber hieb- und stichfestes Verfahren beweist, wie groß der Wortschatz eines Sprechenden ist. Für ein fixes Zeitmaß werden die benutzten Wörter ausgezählt und der Diversifikationsquotient ermittelt. Einfache Bruchrechnung:

benutzte Wörter geteilt durch vorhandene. Beispiel 200:20 000=0,01. Jedem Sprechenden ist so ein gewisser Wortschatzwert zuzumessen, und der liegt bei Sportreportern – jetzt festhalten – oft noch unter 0,01.

Ich bitte nur noch ein zweites Mal um Nachsicht, wenn ich solch »Trockenes« in diesem Buch anbiete. Die Wertesuche im Hahneschen Zusammenhang macht es notwendig. Vor reichlich 20 Jahren, es gab noch ein weltweit anerkanntes Land DDR, führte ich mit Soziologie-Wissenschaftlern in Leipzig und Rostock eine wissenschaftlich hundertprozentig abgesicherte Befragung von DDR-Rezipienten des Rundfunks und Fernsehens durch. 2000 Menschen wurden 22 Indikatoren, spezielle Eigenschaftsqualitäten und Tätigkeitsfähigkeiten sprechender Reporter, verbunden mit der Frage vorgelegt: Welche halten Sie in Ihrer Reihenfolge für besonders wichtig?

Alles entwickelte sich zum hochinteressanten Vorgang, von dem ich jetzt nur noch diesen Teil des Gesamtresultates wiedergebe. Als wichtigste »Rezipienten-Fünf« gingen durchs Ziel: Spannungsvermittlungsfähigkeit, Sachlichkeit, Begeisterungsfähigkeit, Selbstbewußtheit, Wortschatzvermögen ... Auf Wertigkeitsrang 9 kam: ausdrucksvolle Stimme ...

Da läßt sich freilich sofort einhaken. Jeder versteht unter »ausdrucksvoll« Unterschiedliches. So mag für manchen TV-Rezensenten die Stimme Marcel Reifs (RTL, ZDF, Premiere) durchaus ausdrucksvoll sein, für andere nicht. Ich gehöre zu denen, die sie für unausgebildet und dilettantisch halten. Und nochmals: jedem steht sein Geschmack zu, aber Professionalität in den Funkhaushierarchien müßte besondere Qualitätsprüfungen vorsehen. Das gab's einmal. Bis in die fünfziger

Jahre hinein mußten wir regelmäßig zur Mikrofonprüfung. Dabei entschieden Experten, speziell Sprecherzieher, ob geeignet oder nicht. Ich halte jede Wette: In allen jetzigen Sportredaktionen bei Radio und Fernsehen arbeiten Sprecher, die nie vor eine Prüfungskommission mußten und bis zum heutigen Tag nicht eine einzige Stunde Sprecherziehung absolvierten.

Bleibt in unserem Zusammenhang die Frage: Zählt Sprechen vor Hunderttausenden oder gar Millionen noch zu heute gewünschten Kulturwerten? Und: Welchen Wert besitzen überhaupt noch Sportübertragungen am Fließband? Inflationen sind nicht nur Geldentwertungen, sie sind auch generelle Totengräber. Sportsendungen im Übermaß, Sportreporter zuhauf, viele darunter, die keine sind, es aber sein wollen und auch dürfen. Wann ruft hierzu mal jemand: Schluß damit!?

Ein guter und wertvoller Wergbegleiter war jahrzehntelang Hansgeorg Stengel, Autor, Satiriker, Fernsehkritiker, Epigrammatiker ... Das letzte Wort müßte ich wohl nach heutigen und teils sehr merkwürdigen Sprachdurchforstungen, »Die neue Rechtschreibung« genannt, mit drei »m« schreiben. Ich weiß aber, da würde sich Hansgeorg im Grabe umdrehen. So will ich ihm viel lieber und im direkten Zusammenhang des gerade Beschriebenen einen herzlichen Gruß wolkenwärts senden, und eines seiner meisterlichen Epigramme paßt dazu:

Ein Sportreporter, der elf Sprachen spricht
und damit viele Sprachrekorde bricht,
greift nun, gepackt vom Ehrgeiz,
nach den Sternen:
Er möchte seine Muttersprache lernen!

Wen von meinen alten Weggefährten und Mitstreitern, wen von aktuellen Baldrianisierern vergrätze ich mit dieser Kennzeichnung? Wenn ich aber gleich – baldrianisierend – bekenne, ich gehörte auch über vier Jahrzehnte zu diesem Stand, kann dann wieder Burgfriede herrschen? Wer sich nun jedoch als Nichtwissender veräppelt fühlt, soll Aufklärung erhalten.

Also: Baldrian, lateinisch Valerianer, ist bekanntlich eine Pflanze, deren Wirkstoffe zur Beruhigung beitragen. Sagt man. Ich probierte diese legale, weil harmlose »Droge« einst in heißesten Hektiksituationen, empfing aber keine Wirkung. Meinte ich. Millionen versichern das Gegenteil; meine Oma früher auch.

Doch jetzt zur Tätigkeitsgruppe der Baldrianisierer. Das sind nach meinen Beobachtungen und Erfahrungen Menschen, weiblich und männlich, in Politik und Medien. Letztgenannte Gruppe versammelt in Radio und Fernsehen und in der Presse mehr oder minder talentierte Ruhigsteller, um andere Menschen ruhigzustellen, zu baldrianisieren. Wortbaldrian ist deren Droge, um tagtäglich »einzulullen«. Man macht auf lustig, freundlich, verbindlich, pomadig, je nach dem, alles nach dem Grundmuster: Keinem zu nahe treten, schon gar nicht auf den Schlips, wörtelnd, schwatzend, immer wie die Katze um den heißen Brei. Mit Späßchen ablenken von unangenehmen Wahrheiten und Problemen.

In einstigen Zeiten, da es noch nicht Medien jetziger Dimensionen dieser Art oder Unart gab, bildeten Clowns diesen in jeder Gesellschaft notwendigen Stand. Überall am Hofe hielten sich Machtbesitzer Hofnarren. Wenn es dem Herrscher und seiner Sache nicht so gut ging, mußten sie ihn erheitern und alle seine Vasallen unterhaltend ablenken, eben baldrianisieren.

Zurück zum Heute. Narrennachfolger blieben viele Jahrzehnte die Conférenciers. Auch darunter tummelten sich neben Großmeistern wie Frankenfeld, Kulenkampff, Carrell, Quermann ... viele Nieten. Diesem Berufsstand folgte dann das Ameisenheer sogenannter Moderatoren. Tut mir leid, das festzustellen, aber Hunderte persönlicher Erfahrungen lassen das Urteil nicht verhindern: Viele von denen können wenig, glauben aber das Gegenteil. Sie sprechen überall und alles, ohne was zu sagen. Für heutige Obrigkeit sind sie der Idealfall. Flotte Sprüche, schmächtige Witzchen, was stört, ist lediglich die Realität. Und die auszublenden, davon abzulenken, ist Sinn der Sache.

Stopp! Dickes Stoppzeichen!

Selbstverständlich besprechen Politik- und Wirtschaftsprobleme, Kunst und Literatur auch wirkliche Fachleute, gebildete Journalisten. Gäbe es die nicht, könnten wir einpacken. Respekt und Anerkennung haben sie verdient! Doch deren Sendungsbeiträge sind nicht die Quotenbringer, was – wiederum leider – am Publikum liegt. Mehrheiten von bestimmten Programmen und deren »Gestaltern« bedingen sich. C'est la vie.

Doch nochmals zu den Ruhigstellern. Der Pulk teilt sich grob in zwei Abteilungen: Spaßmacher und Meinungsmacher. Solche Spaßvögel wie die Nebels und Gottschalks werden flankiert von Meinungsmachern wie den Jauchs, Christiansens, Illners bis zu den Peter Hahnes. Allesamt sind Meister ihres Fachs ... Dennoch würde ich allen gern wenigstens eine Frage stellen: Was ist eigentlich *Ihre* Meinung zu den drängenden Problemen unserer Zeit? Sind diese Macher nur Stichwort-

und Vorlagengeber für die Meinung anderer? Will diese Subkultur der Baldrianisierer nur Neutrum bleiben? Warum?

Selbstverfreilich eignet sich die Spezialgruppe Sportreporter erstrangig zum Ruhigstellen. Die Sache Sport bot sich zu allen Zeiten als hochaktives Baldrian. 70 000 Menschen im Colosseum oder in heutigen Arenen, Millionen am Bildschirm, sind für jede Gesellschaft günstiger als dieselbe Menge auf der Straße. Oder?

Mich macht auf der Berufslebenszielgeraden zufrieden, nun mit Jederfrau, Jedermann öffentlich streiten zu können. Friedlich vor allem. So, wie jetzt gerade mit Peter Hahne. Gegen Dauerschwatzen, zu vieles falsches Lustigsein und geschminktem Spaß. Für endlich anderes Tun.

Täve

Lieber Täve,

daß ich Dir diesen öffentlichen Brief schreibe, hat besondere Bewandtnis. Wir führten in unseren gemeinsamen Jahren zwischen 1952 und heute, 2007, zig Gespräche. Über Gott und die Welt, die Friedensfahrt, den Radsport generell, Sport gestern und heute, unsere Familien, und Du weißt auch, ich bin und bleibe ein spezieller Anhänger Deiner Frau Renate, die Dich und die Kinder durch den Slalom dieser Jahrzehnte lenkte. In diesem Buch »Gott sei Dank« diskutiere ich fiktiv mit Peter Hahne vom ZDF, dessen Arbeit ich schätze, und dessen Blick auf die Welt und Werte ich respektiere.

Siehst Du, alte Werte, dachte ich, dazu hat Täve etwas zu sagen, und ich glaube, Deine Wertvorstellungen zu kennen. Ich möchte sie bewußt öffentlich machen, obwohl ich weiß, viele Menschen, alte Anhänger und Freunde von Dir zwischen Rügen und Fichtelberg, schätzen das ebenso ein. Nur, die Zeit vergeht, es sind Jüngere nachgewachsen, und die sollten auch von Dir erfahren.

Zudem frage ich mich, ob Peter Hahne überhaupt weiß, wer Du bist? Aber, wenn er schon nicht wissen sollte, daß Du zweimal Straßen-Radweltmeister warst, zweimal die Friedensfahrt gewonnen hattest, müßte er sich erinnern; Du wurdest als PDS-Abgeordneter in den Deutschen Bundestag gewählt.

Dazu treibt mich etwas Ärgerliches an, zumindest für mich Ärgerliches. Wir wissen von Rudi Altig und Co, aber wer zwischen Bodensee und Sylt weiß von Dir, Eckstein und allen anderen aus Leipzig, Magdeburg,

Chemnitz, Berlin, Cottbus ..., die zur Weltspitzenklasse zählten? Es müssen endlich solche deutschen »Wertschätzungsgefälle« verschwinden, und das machte einen Neuwert an gegenseitiger Hochachtung aus, die manches Schlagloch auf der Straße des Zueinander beseitigen könnte. Und Du verstehst, ich wähle hier Radsport, Deinen Sport mit Deinen Leistungen und Gefährten als eines von vielen möglichen Beispielen im Sport und anderswo.

Erinnerst Du Dich noch, wie wir im Mai 1952, sieben Jahre nach dem entsetzlichen Krieg, in das immer noch stark zerstörte Warschau kamen, wie wir in Lodz, Kattowice ... viele Menschen sprachen, wie wir uns mit den Radrennern aller Herren Länder, mit den Zuschauern, den Gastgebern in Polen, in der CSR einig waren: niemals mehr darf solcher Wahnsinn Menschen, Städte, Straßen zerstören ... Für uns alle, Fahrer, Trainer, Betreuer, Journalisten, war die Friedensfahrt Hoffnung auf das Neue und Schwur gegen das Gestrige. Daß ich 17mal davon übertragen konnte, Dich, Vesely, Ruzicka, Steel, Dalgaard, Krolak, Damen, Kolumbet, Saidchushin und viele andere dadurch schätzen und verehren durfte, bedeutet für mich immer noch wertvolles Lebensgeschenk.

2008 jährt sich Dein Gewinn des ersten Weltmeistertitels zum 50. Mal. Reims, Deinen siegreichen Zielsprint, könnte ich noch heute im Schlaf nachreportieren. Und dann der Sachsenring 1960! 200 000 Besucher, Eckstein, Du, Vandenberghen ... Ja, ich schlage immer heftiger auf die Schreibmaschinentasten der guten, alten »Erika«. Was für eine wertereiche Lebenszeit!

Ich weiß, ich weiß, Dir ist nicht sehr wohl bei solchem

Jubel, und mir fällt auch noch ein, wie verlegen Du in Leipzig 1955 nach Deinem ersten von später insgesamt neun Friedensfahrt-Etappensiegen wurdest, weil bis Mitternacht Tausende vorm Hotel Astoria skandierten: »Täve, Täve, Täve ...«

Ich nahm mir vor, hier nur das Wichtigste zu erwähnen, aber ich merke wieder, es ist viel, viel, viel ... Doch zu Olympia muß ich noch etwas sagen. Bei aller Anerkennung für Späteres, Du hast auch hier Maßstäbe gesetzt. In einer gemeinsamen deutschen Mannschaft (allein das haben viele längst vergessen) holtest Du 1956 in Melbourne mit Tüller und Pommer Bronze. Vier Jahre später in Rom war es mit Hagen Adler und Lörke Silber.

Mit dem folgenden Satz wende ich mich direkt an Peter Hahne: Schur wurde neunmal in Serie zum »Populärsten DDR-Sportler des Jahres« gewählt, und noch 1989 zum »Populärsten DDR-Sportler aller Zeiten«. Das mag für Sie komisch klingen, und vielleicht noch merkwürdiger das: Gäbe es unter ostdeutschen Sportanhängern anno 2007, über vierzig Jahre nach Täves letztem Rennen, eine ähnliche Befragung, wäre er höchstwahrscheinlich immer noch vorn.

Doch nochmals zu Dir, Gustav. Du erinnerst Dich, das war meine Spaßbegrüßung für Dich, die offizielle immer »Täve«. Auch das sagt was. Peter Hahne und andere kritische Menschen, die alle über das Kränkeln der Gesellschaft, den Schwund alter Werte nachdenken, fragen sich bestimmt, oder hoffentlich, warum das passiert und erschreckt. Ich meine, weil sich Wertvorstellungen radikal verschoben. Geld ist alles. Und alles damit Verbundene. Vermeintlicher Reichtum, der zur Schau gestellt wird, Angeberisches, Oberflächliches, und doch wieder Kriegerisches da und dort; Lügen der Politiker, Versprechungen, die nicht gehalten werden, Korruption ... Genug davon!

Aber: Wie sollte hier noch einmal die Kurve zu kriegen sein? Wie? Ich schreibe Dir und das über Dich, weil ich in Deiner Haltung einen Hinweis sehe. Nicht mehr, nicht weniger. Nur wenn Menschen, die wie Du vieles erreichten, gerade deshalb aber auf dem Teppich bleiben, nicht immer unverfrorener nun nach noch Mehr, mehr Geld, mehr dies und das, Schnickschnack und »auf die Pauke hauen« rufen, könnten sich in und mit Vernunft Genesende wieder auf alte Werte besinnen. Erkennen und danach leben, vorleben: weniger ist mehr. Mehr Bescheidenheit dafür, Verzichten und Helfer sein für Menschen, denen es schlecht geht, die Verlierer sind.

Du hast immer so gehandelt.

Dafür danken Dir Millionen, die Dich verehren, und die Dir – wie ich – alles Gute wünschen, auch Renate und Deinen vier Kindern und allen Enkeln.

Und ich wünschte noch, daß es Reisebusse aus Westerland und Garmisch-Partenkirchen nach Heyrothsberge bei Magdeburg gäbe, um mal zu gucken, wie hier ein Jahrhundertsportler lebt. Aber ich weiß, wüßtest Du davon, wärst Du an solchen Tagen immer mit dem Fahrrad im Jerichower Land unterwegs.

Tetzels Wiederkehr
I. Teil

Womit beginnen? Erst die Tatsachen-Erinnerung und dann zweifelhafte »Theater«-Vergnügen öffentlicher Anteilnahme? Hier, im »Buch der tausend Fragen«, tauchen also neue und immer mehr auf. Auf jeden Fall ist der Vorfall »wert«, noch einmal reflektiert und kommentiert zu werden. Versuchen wir, es theaterdramaturgisch zu entwickeln. Schon zu Olims Zeiten teilte man Theater, wahrscheinlich jedenfalls, nach immer noch gebräuchlichen Grundstrukturen. Da gibt es Dramen, Lustspiele, Komödien, Trauerspiele und die Posse.

Bevor ich das Letztgenannte nutze, zu den Fakten. Tatsachenbeschreibung als Inhaltsvorgabe.

Das Jahresfinale 2006 bescherte uns wirtschaftswissenschaftlich und juristisch Ungebildeten noch eine Lehr- und Lernstunde. Das Thema: Wie kann ich etwas tun, was Rechtskundige und viele, viele Menschen dazu für strafwürdig halten, ich jedoch am Ende, glücklichen Ende, als nicht vorbestrafter, vorbildlicher Bürger und Werteschützer von der Bühne gehe?

Ein hoher, sehr reicher Bankmensch hatte einem anderen sehr hochbezahlten Wirtschaftsmenschen und weiteren Helfern viel Geld gezahlt, Abfindungsprämien genannt. Höchste Richter meinten dazu: Die Angeklagten hätten ihre Vermögensbetreuungspflichten (?) mißachtet und sich wie Gutsherren verhalten ... Doch dann – Advent, Advent, ein Lichtlein brennt – zog in (fast) alle Köpfe der Ankläger, Richter, Verteidiger ... friedvolle und barmherzige Anteilnahme.

Keine Strafen, damit keiner der Ex-Angeklagten vorbestraft, Geldzahlungen für die Staatskasse. Diese Zahlungen treiben keinen in die Armutsnähe. Beispielsweise hatte ein Bedachter 16 Millionen Euro erhalten, und seine Buße beträgt nun 1,5 Millionen. Reingewinn? Leicht zu errechnen. Alles ermöglicht ein Paragraf 153a der Strafprozeßordnung und der Umgang mit »alten deutschen Werten«.

Bleibt die Frage: Wer ist was wert? Dürfen nur Reiche mit Gerichten »dealen«, so Politiker ...?

Bevor wir zur Possen-Darstellung den Vorhang hochgehen lassen, noch ein zweiter Fakten-Teil.

Nach diesem Düsseldorfer Prozeß rufen Sachkundige in Erinnerung, es gab schon früher in unserer Gesellschaft, die bekanntlich rechtsstaatlich und (immer noch?) sozial ist, ähnliche Deals. Ich bleibe hier – schon weil ich alle möglichen Rechtsanwaltsklagekosten bis zum Lebensende nicht begleichen könnte – weiter beim Personal-Vagen. Da gab's einen ganz, ganz hohen Regierungsvertreter, der sein Problem mit einer Geldauflage löste. Melden sich dazu noch krähende Hähne? Auch andere gutsituierte Manager kamen so auf und davon. Ein berühmter deutscher Tennisstar ..., ach, Namen.

Zahlen sind bessere Zeugen, wem was recht und möglichst billig ist. Ein sachkundiger Politiker weist darauf hin: Bis zu 70 % aller Wirtschaftsstrafsachen werden durch Deals vor Gericht geregelt! Im Jahr 2003 allein 126 000 Verfahren.

Schade, wenn man nur Ladendieb ist.

Tetzels Wiederkehr
2. Teil

Alles, was es jetzt zu beschreiben, gar zu kommentieren gilt, ist mir ziemlich peinlich, auch, weil es rückblickend in meine brandenburgische Heimat führt. Andererseits hält es mich in ziemlicher Spannung, bringt mich zum Fluchen und Lachen, und ich muß aufpassen, daß immer alles trocken bleibt. Trockener Stoff ist es freilich nicht und erinnert: Ben Akiba hatte recht, alles ist schon mal dagewesen.

Ich erinnere jetzt an Horaz, Juvenal und andere kluge und schreibende Römer, die vor mehr als 2000 Jahren das literarische Genre Satire erdachten. Satura bedeutete »Allerlei«, und weiß Gott, Satirisches ergibt sich bis heute Tag für Tag. Um zur »Satire des Jahres« zu gelangen, muß ich jedoch noch die Römer Enninus und Ucilius vorstellen. Etwa 2300 Jahre zurück entwickelten sie »possenhafte Schauspiele«, und es wurde erstaunlich theaterwissenschaftlich definiert, was das ist. Um Heutiges zu verstehen, darf ich eine deutsche Übersetzung von 1895 nicht vorenthalten ...

»... den Widerspruch der Wirklichkeit mit dem Ideal, also die Nichtigkeit der herrschenden Torheiten und Laster der Zeit, besonders der gesellschaftlichen Zustände und der Neigungen einzelner Stände, selbst Irrungen und Verkehrtheiten des Staatslebens und der politischen Parteien in ihrer ganzen Blöße darzustellen ...«

Dezidierender zu dieser Generalabsicht hatte Juvenal eine strafende, Horaz eine indirekte, die lachende, für possenhafte satirische Darstellung entwickelt.

Es gilt also seit deren Zeiten bis in unsere.

Der »Posse des Jahres« muß ich noch eine weitere

Erinnerung voranstellen. Von der Römerzeit springen wir ins Mittelalter, und dabei gelange ich in heimatliche Gefilde. Johann Tetzel wurde 1455 in Leipzig geboren. Er studierte Theologie und wurde Dominikaner. Seit 1502 wirkte er als Ablaßprediger, und das macht ihn berühmt bis heute. Wir als jetzige Werte-Sucher sollten solche rückwärtsblickenden Hinweise zum Geldeintreiben bestaunen. Man wußte eben schon damals, wie dem naiven Menschen in die Tasche zu greifen ist. Tetzels Karriere erlitt ein zwischenzeitliches Tief, weil er als Ehebrecher zu »ewigem Gefängnis« verurteilt wurde. Doch auch in Sachen Recht wußte man sich jederzeit zu helfen. Erzbischof Albrecht von Mainz wollte auf die speziellen Qualitäten des gebürtigen Sachsen nicht verzichten und riß ihn »zur weiteren Verwendung« aus der Klemme.

Nun folgten erst Tetzels richtig fette Jahre. Von Görlitz aus zog er ab 1509 durch die Lande und beehrte auch mehrfach meine brandenburgische Heimat. Leider weiß ich nicht, ob einer meiner Urururur-Ahnen in seine Fänge geriet. Indes, Tetzels weltmeisterlicher Spruch »Wenn das Geld im Kasten klingt, die Seele in den Himmel springt« funktioniert tiptop. Die Kirche kam zu viel Geld, Tetzel noch in Frankfurt/Oder zur Doktorwürde. Erst Martin Luthers Wittenberger Thesen legten ihm und allen anderen Geldgefährten den Ablaßhandel lahm. Ablaßkrämer und Champion des Kichlich-Merkantilen Tetzel starb 1519 an der Pest.

Nun zu seiner Wiederkehr, zu einem Ablaß- und Satirestück unserer Tage. Namen sind Schall und Rauch, heißt es; bei Shakespeare in »Romeo und Julia« noch knapper: »What is a name?« Manchmal ist es gut, Namen zu nennen, manchmal auch nicht. Den heutigen Hauptdarsteller laß ich Bauermann oder Ackerreicher heißen. Dazu spielen in der Banken- und Abfindungs-Posse andere nicht Unreiche, Anwälte, Richter ... Ein erhebliches Monetenspiel, Millionen wechselten von einer Bank und Hand in andere, brachte Ungemach. Abfindungen, Prämien waren andere Drohungsworte, und das Schlimmste: Strafe. Doch dazu mußte es nach jahrelangem Hinundher nicht kommen, denn Geld heilt eben (fast) alle Wunden. Die Parteien »einigten« sich über die Supersalbe Geld, die jede Wunde überschmiert, zumal wenn es noch sittlicherseits Unterstützung gibt: Schon viel zu lange schwelt der Prozeß, streßt alle, besonders die Angeklagten, belastet vom außerordentlichen Medieninteresse ...

Solche Urteile tun gut. Denn Geld stinkt ja nicht. Vespasian war kein Rechtskundiger, nur Philosoph, und ich wüßte gern – auch wenn es nichts nutzt –, konnte man sich schon im alten Rom und bei den noch älteren Griechen so freikaufen?

Tetztel wird vom Himmel aus, oder doch aus der Hölle?, frohlocken: Na, habe ich doch schon damals gesagt, im finsteren Mittelalter, als Inquisitor haereticae pravitatis: »Wenn das Geld im Kasten klingt ...«

Jajaja, Peter Hahne, Schluß mit lustig!, aber vielleicht machen Sie eine TV-Sendung aus dem heutigen Stoff oder befragen alle Beteiligten in einer Live-Sendung mit Publikum? Uns bleibt sonst nur, bei passenden Gelegenheiten, zur Erinnerung an Rechtsprechung und Wertesuche, immer mal Kerzen in die Fenster zu stellen. Schon wegen der Erleuchtung.

Schummler-TV

Eigentlich könnte es zum Piepen sein, wenn es nicht gleichzeitig blamabel und ärgerlich wäre. Komischer Satz? Gleich folgt die Erklärung.

Im Fernsehen wird heutzutage geschummelt auf Deubel komm raus. Ja, im Radio ebenso, doch da fällt es wenigstens nicht so auf. Bald 100 Jahre wird nun gefunkt auf Tausenden Wellenlängen, wenn ich ans Radio denke. Fernsehen, TV – von Spinnern »Tiwi« gesprochen – ist erst halb so alt. Was ich über Tätigkeiten in beiden Medien denke, ist kein Evangelium, doch wenigstens meine in einem halben Jahrhundert gewachsene Meinung. Ohne Wichtigtuerei darf ich hinweisen, über 40 Jahre fürs Radio und über 30 Jahre fürs Fernsehen in – vorsichtig geschätzt – 2000 bis 3000 Sendungen gearbeitet zu haben. Mindestens 90 % davon waren Live-Sendungen. Alle für den Sport ungeprobte, für die 254 »Portrait per Telefon«-Live-Dreiviertel-Stunde immer ebenso. Auch alle Radiosendungen – »7-10, – Sonntagmorgen in Spreeathen«, »He, he, he, Sport an der Spree«, »Schlager, Telefon, Mikrofon« und, und – alles live, oder wie wir anfänglich noch sagten: direkt.

Wichtigtuerisch wird heute vieles verenglischt und vieles geschummelt. Daß wir bis in die fünfziger Jahre Mikrofonprüfungen ablegen mußten, erwähnte ich bereits mehrmals. Wer zugelassen wurde, lieferte dann seine »echte« Stimme ab. Heute, bei zig Sendern, ist die inzwischen vielfach verbesserte Technik auch für Ungeeignete Rettungsanker und Vortäuscher falscher Tatsachen. Aus piepsigen Stimmchen lassen sich starke, forsche machen. Aus hellen dunklere, und noch mehr als Sprecher profitieren Sängerchen davon. Wer mir nicht glaubt, sollte mal ein paar Nachtstunden opfern. Was da an sogenanntem Programm geboten wird, zieht einem oft die Schuhe aus. Alte Radio-Werte? Um Himmels willen!

Mindestens so dreist ist das Vorgaukeln von Fernseh-»stars«. Über Playbackgesang regt sich kaum noch einer auf. Ulkig wird es, wenn einem plötzlich die zusätzliche Einblendung »Live gesungen!« angeboten wird. Komisch nur, daß solche Ehrlichkeit für Laien oder Debutversuche reserviert ist. Lasen Sie schon einmal: Superstar Piesepampel singt live?

Und dann der Teleprompter. Im DDR-Fernsehen hörte ich in den achtziger Jahren, daß es so etwas, einen jedenfalls, nun auch für die Aktuelle Kamera gäbe. Andere, auch der Sport, mußten sich weiter so behelfen. »So behelfen« bedeutete: es ursprünglich tun, frei moderieren oder ehrlich ablesen. Ja, da schrieb sich jemand ein paar Stichworte oder mehr auf, bot das aber offen an.

Heute? Peinliches Tricksen, erstaunliches Nichtkönnen. Da steht die hochgeschätzte Talk-Moderatorin, die Gäste im Rücken, zum Sendeauftakt vor einem Prompter, der ihr den gesamten Text vorgibt, und sie versucht so abzulesen, daß manche noch glauben, es sei frei gedacht und frei gesprochen. Tut mir leid, ich kann nicht anders urteilen: welche Armut so reich Bejubelter!

Für mich ist dieses technische Schummelmittel ein Rückschritt. Es dient momentanem Denken und Formulierenmüssen – bitte erinnern: Sprechen ist materialisiertes Denken! – als Krücke, es raubt Ehrlichkeit und Echtheit, auch die Stimmung, die Emotionalität. Und, Tiefpunkt dieser Entwicklung, ich war zu Studiogesprächen in Originalsendungen eingeladen, da las der oder die Interviewer/in tatsächlich auch noch den simpelsten Fragesatz ab ... Genug dieser Minusbeispiele.

Wieder einmal beweist das, technische Erfindungen, so gut sie mit ihrem Erdenken, Entwickeln und Herstellen sind, dienen nicht zwangsläufig den Köpfen der Menschen. Gutbezahlte Moderatoren und andere dieses Gewerbes müßten in der Lage sein, allen Grundvoraussetzungen dieser speziellen Tätigkeit zu entsprechen. Chefs müßten das von ihnen verlangen. Und auch, daß sich jeder, der an ein Mikrofon darf, selbst vorbereitet. Das gehört zur Arbeit, fördert Fleiß und Wissen. Warum ich solche Selbstverständlichkeit betone? Weil heute die Zulieferer, Assistenten oder anders genannt, ein Großteil der Arbeit abnehmen. Dem Reporter oder Moderator tut man jedoch keinen Gefallen, wenn er – wie bei Fußballübertragungen – fertige Faktenmappen in die Hand gedrückt bekommt. Dort stehen, von bezahlten Agenturen zusammengetragen, Namen und Zahlen, Gestriges, Heutiges, was der Reporter dann als »sein« Wissen vorträgt. Es ist Vorspiegelung falscher Tatsachen. Und auch Betrug und Zumutung. Wir, die Gebührenzahler, bezahlen doppelt. Den dort Sprechenden und die Zulieferer.

Warum kehrt man nicht endlich zu alten Arbeitswerten zurück? Jeder, der sprechen darf, erarbeitet sich die Fakten selbst? Ich weiß, eigentlich eine Träumerfrage. Das war einmal. Heute verweisen Kritisierte sofort auf alle technischen Errungenschaften. Wer diskutiert noch über das, was uns Teleprompter, Internet, Fernsehen ... rauben?

Es gibt nämlich nicht nur das PISA-Resultat, das unseren Kindern und Lehrern und Eltern angelastet wird. Wir sollten endlich ein Medien-PISA fordern! Wissens- und Könnens-Teste für Radio- und Fernsehleute. Unheil, das sie anrichten, ist viel schlimmer als das, was Schülern vorgehalten wird. Wetten, daß ... es das aber in unserem Wertesucherland nicht geben wird?

Also, damit keine Irrtümer entstehen: Waldemar Cierpinski, mein Freund, der zweifache Olympiasieger im Marathon von 1976 in Montreal und 1980 in Moskau, hat mit seiner Frau Maritta, einst ebenfalls Weltklasse über 800 Meter, drei Kinder, drei Söhne. Wie viele Kinder, die am 1. 8. 1980 geboren wurden, nun tatsächlich Waldemar genannt wurden, weiß ich nicht. Waldemar erzählt, er hätte damals Nachricht von »sieben Fällen« erhalten. Nehmen wir es an, dann müßten diese Waldemars am 1. 8. 2007 siebenundzwanzig Jahre alt werden und eigentlich schon Väter neuer Waldemars – oder Pauls, Fritzens, Emils ... – geworden sein. Lassen wir solches Spekulieren.

Sicher ist, Peter Hahne wird mit Waldemar und dieser Geschichte kaum etwas anfangen können. Er sollte jedoch mit mir übereinstimmen, Spaß muß sein, und dieser harmlose hat mit der kranken Spaßgesellschaft nichts zu tun. Viele Menschen, Sportanhänger, selbst Freizeitläufer wissen aber, Waldemar blieb wie Täve, wie Recknagel, wie Behrendt und Dutzende andere große Sieger immer mit beiden Beinen auf dem Boden.

Deshalb ist auch Waldemar für mich ein »Botschafter alter Werte«. Er baute mit seiner Frau nach dem Sport die berufliche Lebensbasis auf, gründete Sportgeschäfte und besitzt in Halle unter allen Sportartikelanbietern von Sachsen-Anhalt das größte Angebot auf allergrößter Verkaufsfläche. Waldemar gab und gibt einigen dutzend Menschen Arbeit und Brot und Lebenskraft. Auch als Organisator und Begründer des »Kultur«-Marathons von Händel zu Bach, von Halle nach Leipzig, der schon zigtausende Starter vieler

Länder sah, und ebenso jährlich vielen Tausenden Einheimischen, mit Kindern und Senioren, volkssportliche, breitensportliche Anreize bietet.

Waldemar ist – wie Täve, Behrendt, Recknagel – Gast zahlreicher Veranstaltungen, Sponsor kleiner Gemeinschaften, Helfer in Not da und dort, und immer noch, nun sibenundfünfzigjährig, Gesundheits- und Spaßläufer.

Gut, gut, das machen sicherlich, hoffentlich auch viele andere Große so, und Waldemar wird nun beim Lesen ohnehin kritisieren: »Komm, hau nicht so auf die Pauke, du weißt doch ...« Richtig. Ich weiß, der zweifache Olympiasieger, der Spitzen-Marathonläufer, der dem legendären Bikila Abebe folgte, ist ein Mann der Tat, nicht der Selbstdarstellerabteilung

Doch da es hier um den Alarmruf nach alten Werten geht, und somit um den Wirkungsruf nach Vorbildern, nach Vorlebenden, muß ich ihn besonders als Mitspitzenreiter in der Gruppe tatsächlicher Elite nennen.

Ich gebe zu, mich zum Zügeln drängen zu müssen. Zu gern schriebe ich ausführlicher über ihn, das Laufen für Jedermann, den Marathon usw. Doch das bleibt noch unbedingt festzuhalten: Waldemar steht auch mit der Familienbilanz »drei Kinder« hoch überm deutschen Durchschnitt. Auch mit dem Statuswechsel zum Großvater wird nicht lange zu warten sein. Ich gehe davon aus, die Jungs stehen im Training.

Auf jeden Fall trainiert nun Sohn Falk, jahrelang schon als Triathlonkönner deutsche Spitzenklasse, speziell Marathon. In Vaters Spuren. Deshalb freue ich mich, anzumerken, nach dem zu unterstützenden Zurück (zu den alten Werten) gibt es hier ein aktives Vorwärts zu neuen Taten – und hoffentlich Erfolgen – zu feiern.

Schlaue Panther?

Wer jetzt an Graue Panther denkt, denkt nicht auf dem Holzweg. Er ist auf der richtigen Gedankenspur. Doch mir wäre sie so im Zusammenhang mit unserer Werte-Diskussion zu einseitig. Hier ist viel mehr drin, und wir sollten alle den Versuch unternehmen, endlich über unsere verkleisterten Tellerränder hinauszudenken.

Peter Hahne schreibt in seinem »Contra lustig«-Plädoyer auch vehement gegen den Jugendwahn, der inzwischen zur dümmlichen Gesellschaftsphilosophie wucherte. Gott sei Dank ließ sich noch nicht alle Welt davon vernebeln, aber viele Menschen fragen sich: Haben die denn noch alle Tassen im Schrank? Aber, gemach; Heutiges wäre noch zu überbieten, kämen die Mißfelders an die Macht. Wehe unseren Enkeln! Sie müßten nicht nur um Hüftprothesen und Zahnersatz bangen, sondern generell um ihren gesellschaftlichen Rang. Andererseits kennen wir jetzigen Groß- und Urgroßeltern die Kompetenz wissenschaftlicher Prognosen. Jetztgeborene werden zu einem Großteil 100 Jahre alt, zumindest besitzen sie die reelle Chance, und sie verfügten dann über die totale Gesellschaftsmehrheit!

Doch was machen sie dann daraus?

Lassen sie sich weiterhin auf Abstellgleise schieben? Ziehen sie wie wir die Köpfe ein? Oder werden sie endlich wirklich schlauer sein und sich Ihrer Kraft bewußt?

Das sind Vorausfragen, doch Antworten muß man schon heute endlich denken.

Wir Ältere von heute könnten schon viel mehr erreichen, schlössen wir uns konzentriert zusammen. Als vereinte Kraft brächten wir die Herrschenden mindestens in Verlegenheit, wahrscheinlich aber schon zu Korrekturen. Jugendwahn und Altersarmut könnten geringer sein. Und gesellschaftliche Hochachtung würde steigen.

Noch ist das Träumerei.

Altes Denken und Handeln läßt Neuem noch keine Chance. Zu eingefahren sind alle seit Jahrzehnten, in mehreren Generationen gewachsenen und von Herrschenden gehüteten Strukturen. Einmal Rot, immer Rot, Schwarz bleibt Schwarz, und bei Gelb und Grün läuft es genauso ab. Keiner guckt über seinen traditionellen Gartenzaun. Ich will jedem seine Überzeugungen lassen. Hier geht es um Strategien des partiellen Handelns, und wer will widerlegen: Wählten die Millionen Älteren vereint, keiner könnte sie bezwingen. Sie wären unschlagbar.

Aber – dieses Wort drückt immer Zweifeln und Unsicherheit aus – Vergangenes lehrt Machtumgang. Suum cuique, Jedem das Seine, lautete der Wahlspruch von Preußenkönig Friedrich I. Wohlgemerkt, sein Spruch. Sprüche machten und machen viele. Ludwig XI., französischer Monarch, war wohl aller Realität viel näher. Seine Devise: Divide et impera, Teile und herrsche, funktioniert bis heute.

Bertolt Brecht hatte 1934 den Wiener Karl Kraus den »ersten Schriftsteller unserer Zeit« genannt. Kraus, der in der Zeit um den 1. Weltkrieg »Die Fackel« herausgab – übrigens siebenunddreißig Jahrgänge! – war auch meisterlicher Journalist. Auch seine Aphorismen sind mehr als »Anderthalb Wahrheiten«. Wenn ich für meinen Panther-Denkversuch fast zwei Schreibmaschinenseiten verbrauche, sagt das alles. Kraus brachte es auf einen Satz: »Alles Leben in Staat und Gesellschaft beruht auf der stillschweigenden Voraussetzung, daß der Mensch nicht denkt.«

Weggeknickter Knigge

Wer von uns spätabendländischen Wertesuchern weiß noch mit Knigge etwas anzufangen? Vor zig Jahren hörte ich mal beim Tanzstundenunterricht seinen Namen. Zu mehr Erkenntnis konnte es aber nicht kommen, weil ich, vierzehnjährig, nur Probeteilnehmer einer unbezahlten Stunde sein durfte. Für die dann folgenden reellen und bezahlten gab's zu Haus kein Geld.

In nachfolgenden Jahrzehnten gelangte ich zu schwächlicher Tänzerform, was mir bei etlichen Annäherungsversuchen nachteilig wurde. Doch über und von Knigge lernte ich mehr. Der Freiherr Adolf von Knigge verfaßte vor gut 200 Jahren ein paar Bücher und Theaterstücke, von denen sein Werk »Über den Umgang mit Menschen« auch sein größter Erfolg bis heutzutage blieb. Wem wurde nicht schon mal in die Seite geknufft: lies Knigge, und gemeint war, du hast dich eben schlecht benommen.

Wenn wir jetzt über Kniggisches nachdenken, ist jedoch nicht simples Schubsen oder blödes Quatschen gemeint. Wertesucher hoffen auf eine Auch-Rückkehr zu Alltagsfreundlichkeiten. Ein paar Beispiele gefällig?

Wer steht in diesem Jahrhundert im überfüllten S-Bahnabteil noch auf, um einem älteren Menschen oder einer Dame seinen Platz anzubieten? Wer hilft auf einem Bahnsteig oder Treppen Frauen mit Kinderwagen? Wer sieht in einem anderen Menschen grundsätzlich einen guten, freundlichen, für den ich mich selber halte? Wer spricht generell erst einmal jeden freundlich an? Das alles könnten schönste Alltagsgeschenke sein.

Nicht gemeint ist die aus geschäftlichen Gründen geforderte, antrainierte, aufgesetzte, unehrliche »noch einen schönen Tag«-Banalität. Und nicht gemeint sind auch die zig schriftlichen Routine-Grüße. Mehr Knigge? Ja!

Um das aber nicht ins Gegenteil zu kehren, sollten wir auch selbstkritisch knigge-knickrich sein.

Schließlich, beim Wiederentdecken alter Werte kann der Sport ausgezeichnet helfen. Fairneß, Anstand äußern sich, zeigen sich beim sogenannten »Gegner«. Der ist aber immer Partner! Hätte ich ihn nicht, gäbe es überhaupt keine sportlichen Vergleiche. Wie gehe ich mit ihm um, wie spreche ich mit ihm?

Viel zu viele Spiele sind Trauerspiele des Verbalen. Schimpfworte, Beleidigungen, spucken hin und her. Ebenso gegen Schiedsrichter. Hier können, müssen Sportler Vorbilder sein. Noch mehr ihre Trainer. Tests im Alltag, auf Spielfeldern, von ganz unten bis ganz oben, sind Gesellschaftslehrstunden. Viel zu oft bleibt Knigge in der Kabine, aufgehängt am Kleiderhaken.

Schade, für das Sittliche, das Moralische im Sport. Pfui allen Foulern!

Du sollst nicht falsch Zeugnis reden wider deinen Nächsten.

Das ist es. So lautet die Christenforderung, das achte Gebot. Soll es noch heute gelten, in hitziger und längst nicht überall friedlicher Welt? Müßte das Gebot für alle Menschen Haltungskompaß sein, egal, ob kirchliche Bindungen oder andere oder gar keine? Denn natürlich gibt es auch in unserer Gesellschaft Halt- und Haltungslose. Doch unsere Gesellschaft gilt grundsätzlich als christlich-kulturell geprägt, demokratisch, freiheitlich und rechtsstaatlich.

Oder könnte hierzulande auch Umgekehrtes zur Auswahl stehen? Freiheit als Pressefreiheit, Forscherfreiheit, Historikerfreiheit gibt jedem das Recht, wider das Gebot zu handeln, andere Menschen zu diffamieren ...

Sie sehen, werter Peter Hahne, auch hier lagert wieder Stoff für Zoff. Unser Wunsch »Zurück zu alten Werten« gerät in viele Gegenwinde. Gerade hier täte es gut, Ihren pastoralen Beistand zu hören und von Ihrer Menschen- und Sachkenntnis zu lernen. Mindestens das Einfachste: Wie geht ein Theologe mit solchen Tätern um? Von einem will ich gleich erzählen.

Zur Sache, zur Person.

Sache ist Stasi. Immer noch, immer wieder. Geeignet, sachlich und tatsachengetreu aufzuklären und damit einen von vielen, vielen Geschichtsbeiträgen zu leisten, was war. In falschen Händen jedoch Gift zum Instrumentalisieren, Menschen zu schaden, gesellschaftlichen Unfrieden zu stiften. Mir passiert im Sommer 2006, nach 40 Berufsjahren in der DDR, und nach 16 Jahren Leben in deutscher Wiedervereinigung. Ein Giselher

Spitzer, Alt-Bundesrepublikaner, der sich als Forscher und Historiker in Sachen DDR-Sport sieht, setzte in die Medien-Welt: Aus Stasi-Akten ergäbe sich: Oertel war IM, hat sich bei der Stasi beworben und in Hinterzimmern konspiriert ...

Zur Wahrheit.

Oertel war zu keiner Zeit in den 40 DDR-Jahren stasitätig. Er hat sich weder dafür beworben noch in Hinterzimmern konspiriert. Stasi-Leute waren tätig an ihm und über ihn. Die rechtlich zuständige Behörde bestätigt das und bezeichnet ihn ausdrücklich als »Betroffenen«.

Das ist Fakt.

Wenn ich hier – ja, wirklich merkwürdig – in dritter Person kommentiere, dann lediglich, um Sachlichkeit herzustellen.

Zu historischen Fakten.

Das Leben in der DDR bedeutete für manche Menschen Zwangsleben in einer Zwangsgesellschaft. Es ist deren zu akzeptierendes Urteil. Wurden sie unrecht behandelt, erlitten sie Nachteile und Beschädigung, ist das zu verurteilen und ihnen muß neben Mitempfinden vor allem Hilfe und Wiedergutmachung gehören. Ebenso muß es jedem Andersdenkenden mit kritischem und differenziertem Blick möglich sein, dies auch festzustellen. Ihm darf kein neuer Nachteil entstehen, auch nicht der öffentlichen Anprangerns. Falsch-Zeugnis-Reden ist Unrecht, christlich-moralisches und juristisches.

Einer meiner besten alten Cottbuser Freunde, dann auch mit mir beim DDR-Rundfunk als Sportreporter dabei, Oskar Klose, wurde in den fünfziger Jahren von Stasileuten bedrängt und bespitzelt. Oskar floh in die

Bundesrepublik. Nach schwierigem Neubeginn gelang es ihm, über den Bayerischen Rundfunk einer der populärsten Reporter der BRD zu werden. Wenn wir uns in den sechziger und siebziger Jahren bei internationalen Sportereignissen, Olympischen Spielen, Weltmeisterschaften trafen oder bei ihm im neuen Zuhause in München, begegneten wir uns als alte Freunde. Trotz getrennter Wege, trotz unterschiedlicher Meinung. Wir wußten immer, deutsche Geschichte mit all ihren Konsequenzen trennte uns.

Ich lebte weiter in der DDR, und nach allem bis 1945 Erlebten, im Wissen um die deutschen Verbrechen, immer in der Hoffnung, es müßte, es könnte ein wirklich neues Deutschland werden. Was mißlang. Daß ich auch bespitzelt wurde, zigfach, war mir klar. Mein oberster Grundsatz allen Handelns blieb: treu der olympischen Idee, friedlich, freundlich und fair mit allen Menschen tolerant zu leben, nie jemanden zu diffamieren und zu schaden, egal, wo auf der Welt. Das gilt bis heute.

Meine Freunde und Kollegen wissen das, Sportler, mit denen ich Kontakt hatte und habe, ebenso. Als sie vom öffentlichen Dreckbewerfen hörten, stellten sie sich spontan an meine Seite.

Genug davon. Es ist bezeichnend für Zustände, wenn ein Mensch in diesem Lebensabschnitt in solche öffentlichen Auseinandersetzungen gezielt getrieben wird. Deshalb erkläre ich, keine Rechtfertigungen, die ich nicht nötig habe. Es ist Darstellung, Klarstellung, die ich bei ersten Beschmutzungen unterließ. Ich wollte damals, 10 Jahre zurück, nichts anderes, als die Vorwürfe des sogenannten Forschers und Historikers stets zu mißachten. Heute geht das nicht mehr. Er zwingt mich zum öffentlichen Kontern. Ich nehme es nun aller Tatsachen wegen an, zeigt es doch auch, wie deutsch-deutsche Forschung betrieben wird. Jedenfalls, wenn sie à la Spitzer ihre Qualitätssiegel trägt.

Wäre er ernsthafter Forscher, hätte er auch hierbei alle Wegbegleiter, alle noch lebenden Zeit- und Geschichtszeugen, mich eingeschlossen, seriös befragen müssen. Das geschah nicht. Diese Mühe machte sich der »Historiker« nicht. Soviel Rücksicht nahm er nicht auf von ihm Beschossene, Beschmutzte. Er schlendert weiter durch die Stadt. Unbekannt. Mich sprechen überall Menschen an, die Hörer und Zuschauer waren, die sagen, ich gehöre zu ihrem Leben. Sie alle werden mitgetroffen ...

Pfui Teufel!

Zum Stand der Dinge.

Ja, ich klage und lerne, diese Wege sind lang.

Erstes Resultat: Dem Mitteldeutschen Rundfunk wurde auf meinen Antrag hin die Verbreitung von Behauptungen Spitzers verboten. Der Sender hat dieses Verbot als endgültige Regelung anerkannt.

Ja, ich klage weiter.

Audacter callumniare, semper aliquid haeret!
Kühn verleumde; etwas bleibt immer hängen!

Plutarch, griechischer Philosoph und Historiker
(um 46 nach Christus bis um 120 nach Christus)

… für jeden Zimt, Schund, Kram und das, was sich Sport mißbräuchlich nennt und längst keiner mehr ist! In dieser Minus-Rangliste steht Boxen auf vordersten Plätzen. Hahnes »Schluß mit lustig« müßte hier ganz besonders dringlich nach dem Schlußgong rufen.

Dabei galt gerade Boxen einstens als Höhepunktsport. Schon vor fast 5000 Jahren in Mesopotamien und vor 4000 Jahren auf Kreta soll es volkstümlich gewesen sein. Absolut sicher ist, 688 vor unserer Zeit nahmen es die Griechen in ihr olympisches Programm. Theagenes aus Thasos avancierte zum berühmtesten Box-Olympiasieger der Antike. Er gewann zweimal in Olympia, neunmal bei den Nemeischen und Isthmischen und dreimal bei den Pythischen Spielen. Das geschah von 480 bis 476 vor Christus. Insgesamt soll der Boxchampion in 21 Jahren 1406 Siege erstritten haben. Historiker betonen nach vorliegendem Material, dies führte zu einem Theagenes-Kult und zur »Vergöttlichung« des Faustkampfes.

Okay. Lassen wir wieder einmal lieber die Kirche im Dorfe. Feststeht jedoch, Boxen ist urolympisch, tauchte dann auch in der Neuzeit wieder im Programm der Spiele auf, 1904 in St. Louis, wo nur Amerikaner in allen sieben (!) Gewichtsklassen gewannen. Ja, sieben Klassen, von Fliegen- bis Schwergewicht, später wurden es acht. Dann verhagelte die Invasion an Limitierungen bis über ein Dutzend und schließlich in unserer wertevernichtenden Zeit des Auswucherns auf sechs internationale Verbände jegliche Seriosität.

Daß Boxen, Profiboxen, jetzt auf Ulkniveau landete, ist bewiesen. Fernsehsender, bei uns erstaunlicherweise gar Öffentlich-Rechtliche, Gebührenfinanzierte, machen den Zirkus mit. 2006 lieferte gruselige Beweise. Wieder reden sich Verantwortliche, also Intendanten, Chefredakteure und Programmdirektoren mit dem Hinweis »Quote« heraus. Das Publikum will es, und sie haben mit dem Verweis recht. 12 Millionen sahen den von einem Privatsender, der nie zimperlich beim Sportverheizen war, das absurde Ringgerangel eines sogenannten Comeback-Versuches. Ein sonst freundlicher, alltagsguter schwergewichtiger Mensch konnte dem Millionen-Angebot nicht widerstehen und ließ sich mißbrauchen. Beadauerlich für ihn.

Danke den Initiatoren und Inszenatoren. Sie lieferten uns überzeugend und erneut den Beweis: was, ist wurscht, Hauptsache, daß ... Es muß Geld bringen.

Na dann: weiter Ring frei für ... Ach, das schreibe ich besser nicht.

Diese »Box-Nacht der Antworten« brachte auch einen generellen Firlefanzbeweis. Unsere Jetztzeit bietet uns die hochgewaltige Kulturchance nicht nur tags, sondern immer nächtlich, also rund um die Uhr die gesellschaftliche Katastrophe von 24-Stunden-Fernsehen. Wir Glücklichen! Und die glücklichen Fernsehfirlefanzmacher, die damit ihr Geld verdienen!

Lieber Herr Hahne, Sie gehören dazu, ich zählte dazu, glauben Sie noch, das könnte sich jemals wieder ändern? Bekämen Sie eine Kollegenmehrheit, gegen dieses Bildungschaos zu stimmen? Nie und nimmer. Wer mit auf den Karussells sitzt, verläßt doch nicht den Jahrmarkt, wer in der Manege mit der Peitsche knallt, schimpft doch nicht auf Zirkus, und wer dicke oder flache Bildschirme verkaufen will, will doch nicht weniger Fernsehen ... Wo leben wir denn, sind wir idealistische Spinner oder Kontoinhaber, jawohl, das ist eine Arche-Noah-Gesellschaft bisher einmaliger Struktur, und auch über die kann man täglich neue Filme, neue Sendungen machen ...

So ist es.

Ach so, die Kinder der Gesellschaft und die Volksbildung, na und, alles Käufer oder künftige, die doch auf den Markt zu führen, zu lenken sind. Zu viel im Kopf an Aufklärerischem kann der Markt gar nicht gebrauchen. Um Benutzen geht es.

Und das Internet, diese sensationelle Erfindung, Helfer der Menschheit? Ja, die macht uns zu weltweit mittickenden Trotteln und gibt vielen Arbeit, sogar der Kriminalistik, aber seien wir doch einmal ehrlich, 'ne Chance haben die doch nicht. Wäre auch schlecht für die Besitzer und Konzerne. Da seien Gott und Unvernunft davor. Solche Fortschritte der Menschheit und Globalisierung muß man doch feiern.

Und wer hat da etwas gegen Videokillerspiele? Bringen sie nicht so vielen Kindern Freude und Abwechslung? Na, was sind da ein paar Zwischenfälle, ein paar Tote unter Millionen, die damit spielen ... Nun laßt man schön die Kirche im Dorfe und das Gewehr in Vaters Waffenschrank. Wo leben wir denn? Wir leben alle nur einmal ...

Also, immer schön ruhig bleiben.

Übrigens, wäre das so gefährlich und mindestens überdenkenswert, längst hätten doch schon Staat und Politik einen Riegel vorgeschoben, andere Gesetze oder so gemacht. Neeeneee, da vertrau ich ganz der Regierung, die wähle ich doch dafür, Mensch, daß die uns die Freiheit erhalten, wir wollen doch keinen Zwangsstaat, keine Drangsalierungen ... Ich nehme, was ich will und was es gibt ...

So sieht das aus.

Schluß mit Nörgeln.

Stopft den Ulklosen, den Fortschritt-Tötern das Maul.

Bestraft sie mit Fernsehantennenklau.

Mit Nachtstromsperren.

Mit Bücherlesenmüssen.

K.o., doch immer ok

Dieses Kapitel deutscher Sportgeschichte beim Wertesuchen anno 2007 zu schreiben, bereitet mir besonders Lust. Die Lebensgeschichte des Boxers Max Schmeling gehört zu meinem Leben, und ich zolle ihm großen Respekt. Zudem beweist sie, wie Zeitzeugen und Nachgeborene, wie Politiker und Historiker mit Lebenswertbestimmung umgehen. Jeder, wie es ihm gefällt, und ebenso, wie es nach Geschmack und Wollen des »Lebenskampfrichters« in dessen Kram paßt. Max Schmelings 97 gelebte, gekämpfte Jahre, sind, speziell aus heutiger gesellschaftspolitischer Sicht, ein Musterbeispiel. Man kann Heroisieren oder Verdammen. Man kann ein Leben mit allen Leistungen und Versäumnissen so oder so beurteilen. Auch dafür Danke, Max!

Ich war immer und bleibe immer ein Schmelingverehrer. Jetzt, 2007, und im Zusammenhang mit unserem »Kampf« gegen Spaß- und Schwatzgesellschaft, macht es ganz besonderes Vergnügen, an Max Schmeling zu erinnern und ihn wenigstens für ein paar Minuten in den Zeugenstand deutscher Geschichte zu bitten.

Meine Schmeling-Eckpunkte des Erinnerns sind 1938 und 1957. Damals, 1938 und ein Jahr vor dem deutschen Brandzündeln zum 2. Weltkrieg, hockte ich nächtens mit meinem Vater, der ein Jahr älter war als unser Schwergewichtsboxer, der 1930 und 1931 als Weltmeister regierte, vorm Volksempfänger. Vater und Mutter hatten sich das Gerät vom spärlichen Lohn abgeknappst, und die Benutzungsparole hieß: Hört wenig, die Röhre muß lange halten. Also, es krächzte und knackte im Lautsprecher und die Reporterstimme Arno Hellmis' war kaum zu verstehen. Und gleich nach gut zwei Minuten der ersten Runde überschlug sie sich, und aus dem Chaos aller Geräusche war nur noch mit Mühe zu hören: »Es ist aus, alles aus, Max ist k.o. ...« Joe Louis, der »Braune Bomber«, besiegte einen total perplexen Gegner und revanchierte sich für die ebenso sensationelle K.o.-Niederlage, die er 1936 gegen Schmeling in Runde 12 erlitt.

Aus, aus, aus ... Nein, es war nicht alles Aus für die Boxerlaufbahn des Deutschen und schon gar nicht für seinen langen, langen und guten Lebensweg. Der führte ihn von einem kleinen uckermärkischen Dörfchen, Klein-Luckow, in die große, weite Welt. Noch heute kann man vor dem Haus in der Dorfstr. 30/31 einen Blumenstrauß niederlegen oder seinen Träumen und Erinnerungen nachhängen.

Ich hatte auch hierbei Lebensglück. 1949, gerade hatte mein Reporterleben begonnen, sah ich Max als Kampfrichter einer Profiboxveranstaltung im hallischen Wabbel-Stadion. 15 000 jubelten ihm mehr zu als den kaum populären Boxern. Meinen wertvollsten Direktkontakt schenkte mir Max Schmeling 1957, also genau vor 50 Jahren. Daher ist es auch für mich glücklich, gerade jetzt das zu beschreiben. Für den Deutschlandsender fertigte ich neben vielem, vielem anderen eine sporthistorische Reihe, die »Limelight«, Rampenlicht, hieß. Ich besuchte, vor allem in der Bundesrepublik, große Sportler der Vergangenheit. Zuvor hatte ich bereits Gustl Berauer, den ehemaligen Skiweltmeister der Nordischen Kombination, und Hans Stuck, einen der bekanntesten deutschen Rennfahrer noch vor der Schumi-Zeit, in Bayern vorm Mikrofon.

In Hollenstedt, zirka 40 Kilometer von Hamburg entfernt, traf ich Max Schmeling. Für mich wurde es ein unvergeßliches Gespräch. Der Ex-Weltmeister, der in der Nazi-Zeit viele, unterschiedlichste Probleme hatte, lebte dort mit seiner Frau, der einstigen Filmschauspielerin Anny Ondra. Nach dem Kriegsende mußten beide durch manches tiefe Tal mit Neuanfangsversuchen und Niederlagen, zumal altes Geld vom einst Verdienten kaum noch vorhanden war. Doch in den sogenannten Wirtschaftswunderjahren fanden sie dank harter, konzentrierter Arbeit wieder auf die Sonnenseite. Erst mit Hühner- und Nerzzucht und Tabakanbau, gerade ab 1957 dann mit der äußerst erfolgreichen Coca-Cola-Verbindung, die auch mit alten USA-Kontakten zustande kam, gelangte Max von Punktsieg zu Punktsieg und stieg auf zum neuen Millionär. In unserem Radiogespräch stellte er dies und das seiner zurückliegenden 52 Lebensjahre dar; ich hörte staunend zu, war gerade 29 Jahre alt.

So fehlte mir auch Kenntnis bestimmter Schattenseiten seines Lebens, das maßgeblich von der Nazizeit geprägt war. Hätte ich vieles schon gewußt, wäre ich wohl auch nicht – noch nicht – mutig genug gewesen, danach zu fragen. Die Besuche bei Hitler, Goebbels, die Fallschirmspringerzeit von der Ausbildung in Wittstock bis zum Kretaeinsatz und zur Verwundung ... Andererseits Hilfeleistungen für jüdische und andere Freunde. Kurzum, Schmelings bewegtes und schwieriges Leben in Deutschlands dunkelster Zeit.

Ich danke Schmeling für jenes Gespräch. Ich wäre zudem der Allerletzte, der heute nachtritt. Das verbietet mein Respekt vor jedem Leben, es sei denn kriminell gewesen. Jedoch, weil es heute von Historikern und anderen Kategorien nicht unüblich ist, über Menschenleben Urteile zu fällen nach dem Prinzip »Wir bestimmen über Gut und Böse«, sei es ins Erinnern gebracht.

Nur dreimal ging Max Schmeling im Ring k.o. Bei siebzig Kämpfen ist das kein Makel. In Lebensringen blieb er bis zum Schlußgong okay. Schon, weil er nach den Werten lebte, die wir heute wieder fordern. Immer bot er Hilfe, schuf neue Existenzen, hatte mehr als nur eine soziale Ader; er handelte so. Zigfach. Sein Geburtsort profitierte, viele Stiftungen. Schmeling gehörte zu den Reichen, die nicht auf dem Geld sitzen. Er und auch seine Frau waren und blieben Vorbilder, Vorleber, die Tausenden Reichen Zeichen setzten.

Ich weiß auch nicht, wie dieser Jahrhundertmensch und Sportler zu Gott stand. Christlich handelte er immer. Und bestimmt wurde er im Himmel mit ähnlichem Applaus empfangen, wie ihn die Welt verabschiedete.

... was nicht sein darf! Ja, so ist es immer noch, und wir schreiben 2007, was bedeutet, siebzehn Jahre deutsche Einheit. Ich falle gleich mit der Tür ins Haus. Warum sind weiter Politikverantwortliche (nicht alle, aber zu viele) hinterwäldlerisch kleinkariert, oder unwissend, oder alles zusammen? Mich regt auf, ganz besonders nun wieder beim deutschen Wertesuchen, daß vieles Ostdeutsche a priori mies war und deshalb für Gesamtdeutsches unbrauchbar. Und auch pulsiert Aufregung, wenn man das überhaupt nur äußert.

Gut, könnte getröstet werden, beim Staffellauf der Generationen werden andere Menschen über Früheres auch anders urteilen. Nur, bis dahin ging so vieles total den Bach hinunter, was Wert besaß. Ich hoffe, echte Wertesucher denken jetzt schon weiter.

Mich treibt erneut Pisa-Polemik auf die Spur. Ich versuche, sachlich an einige Beispiele zu erinnern, denn, da war doch was, da ist noch was. Beginnen will ich mit dem leidigen Thema Gesundheitssystem. Älteren Menschen steht besonders zu, darüber zu debattieren. Wer jetzt, wie ich auch, von Arzt zu Arzt pendeln muß, kann ein Liedlein singen. Jedenfalls als Normal-Bemittelter und Kassenpatient. Die dazu Kritisierten stöhnen auf, verweisen ständig auf unsere Unkenntnis. Mag sein, daß wir uns im Gestrüpp von Verkündungen und Verordnungen, vor allem in dem der Verbands-, Kassen- und Interessengruppen nicht zurechtfinden. Doch wir kennen die Alltagspraxis. In Ärztewartezimmern und Apotheken und Physiopraxen. Und sollte jemals ein Echtinteressierter auf den mutigen Gedanken kommen, Betroffene zu befragen, was war mit dem DDR-System, eine gute Mehrheit würde applaudieren: Polikliniken waren okay, gaben Sicherheit, sparten Zeit und Wege ...

Mußte das zackzackzack verschwinden?

Wen störte es? Normalverbraucher oder Gewinnler?

Beispiel Nr. 2, das Bildungssystem, vor allem die Schulproblematik. Welcher zuständige Minister, und es gibt in Deutschland über ein Dutzend davon, kann mir die Vorteile dieser – auf diesem speziellen Gebiet! – föderalen Zersplitterung beweisen? Mädchen und Jungen, die anno 2007 von Brandenburg ins Saarland, nach Bayern oder Baden-Württemberg wechseln müssen, oder ähnlich von einem Bundesland in ein anderes, geraten in kompakte Lehrplanschwierigkeiten und Systemkonflikte. Muß das sein? Regieren hier etwa Menschen nach dem Ursystem »Haltet eure Stühle fest!«? Den Kindern sollte alles untergeordnet sein, auch überfällige Kleinstaaterei. Und: Pisa läßt grüßen!

Noch ein Beispiel: Kultur, Theater. Nicht, weil ich Theaterfan bin, steige ich auf den Protestbalkon und rufe: »Laßt die Theater in Frieden!« Die bringen und erhalten Frieden unter den Menschen, weil sie unterhaltend lehrreich sind und Menschen immer Nutzen schenkten. Das braucht man überhaupt nicht näher zu begründen. Zu begründen wären die Finanznotstände in Staat und Ländern. Bestellten wir nur einen Eurofighter weniger, erhielte das Theaterfortleben da und dort auf Jahre; Künstler könnten ruhiger schlafen, Theaterbesucher dürften sich freuen. In der DDR? Erfahrungswillige müßten anerkennen, für ein kleines und alles andere als reiches Land wurde relativ viel getan, und der Großteil Tätiger war zufrieden. Klar, da kommt der Einwand: Und was war mit der gesteuerten Politik und Zwangsbevormundung? Die war zu verurteilen; aber dennoch lebten die Theater, und Kinder konnten quer durchs Land Goethe, Schiller, Lessing, Gorki, Shakespeare, Verdi, Mozart, Bach, Weber ... kennenlernen.

Deutsches Theater und Brecht-Ensemble besaßen Weltruhm; Sänger, Dirigenten wurden weit verehrt, Maler, Bildhauer – ach, ich brauche nicht alle aufzulisten. Es war so. Berlin-Ost unterhielt zwei Opernhäuser, und deren Protagonisten wurden in allen Teilen der Welt gefeiert. In Leipzig entstand mit erheblichem Aufwand, der von der Kunstwelt bejubelt wurde, das neue Gewandhaus. Die Künstler bereisten die Welt, und die Musikwelt war zu Gast. Ja, und von Künstlern aus aller Welt auch besucht und begrüßt, von Hunderttausenden Bürgern geschätzt und in Hunderten ausverkauften Veranstaltungen glücklich wahrgenommen, es gab einen Palast der Republik. Und dessen Abriß, zuallererst eine radikale politische Maßnahme, beweist: weil nicht sein kann ... Da und dort schüttelte man den Kopf; nein, um Himmels willen, nicht in Bonn oder im neuen Berlin.

Noch ein Thema dazu: Sport.

Ich weiß, die, die das vor allem lesen sollten, griffen sowieso nicht zu diesem Buch oder feuerten es längst in die Ecke. Na und? Das beseitigt doch nicht Tatsachen. Also zum Sport. Über das schändliche und schädliche Doping im DDR-Sport wird an anderer Buchstelle geurteilt. Dennoch gab es Gutes, was in der Sportwelt als vorbildlich galt und verständliche Nachahmung fand. (Man vergleiche nochmals dazu Pisa-Ergebnisse und Finnlands Volksbildungssystem.) Viele Länder folgten dem Beispiel Konzentrierung der Leistungstalente und hatten damit Erfolge wie der DDR-Sport. Das auf Jetziges übertragen? Beispielsweise: Alle deutschen

Langlauftalente konzentrieren sich in XYZ, denn dort sind die besten Trainer und vorbildliche Bedingungen, Betreuung, Ausbildungsmöglichkeiten für berufliche Wege. Das geschah so in Halle/Saale, im Club von Waldemar Cierpinski. Heute möglich? Denkste, sagen Berliner, eher geht ein Elefant durchs Nadelöhr. So ließ sich vieles aus dem DDR-Spitzensport anführen, gleich ob Sommer- oder Wintersportarten, egal ob Mädchen oder Jungs, Männer oder Frauen. Dazu: Allein die soziale Sicherheit während der Sportlaufbahn und vor allem danach lockten Talente mit elterlicher Zustimmung.

Nächster Streitpunkt wäre: Was passierte mit dem Volkssport, heute Breitensport genannt. Es passierte jedenfalls viel mehr, als ihm vorgeworfen wird. Bei bedeutend weniger Schwimm- und Kegelhallen als im Westen wurde versucht, Bestmögliches zu machen. Alle Großbetriebe besaßen einen Kulturfonds, der auch die Mittel für den Betriebssport und die Betriebssportgemeinschaften enthielt. Wer wirklich will, sollte sich an Ort und Stelle erkundigen. Nur, die allermeisten Großbetriebe sind geschleift worden, evaluiert oder nicht. Jedenfalls: weg. Leere Hallen, kahle, tote Häuser. Der heute Sportwillige muß in Vereinen nicht gerade volkstümliche Mitgliedsbeiträge zahlen oder in – zweifellos modernen – Sportstudios oder Wellnessbereichen happige Preise. Kinder und Jugendliche? Man möge die Eltern befragen.

Genug des Ärgers. Genug des Tatsächlichen.

Warum werden diese (und andere) Werte, von anderen Ländern geschätzt und anerkannt, nicht im vereinten Deutschland akzeptiert? Wieso boten, bieten nur sogenannte Enquête-Kommissionen, die darüber befanden, definitive Wahrheit? Wer maßt sich an, auch über Werte und Wertvorstellungen Gericht zu halten?

Auf dem Sport läßt sich herrlich selbstherrlich herumtrampeln. Spitzentrampler sind meist diejenigen, die davon leben. Ich lebte vom Sport und lebe immer noch mit Sport, und würde ihn aber nie mit Füßen treten. Allerdings zähle ich zu den vielen Traurigen und Enttäuschten, die um ihn in großer Sorge sind.

Dieser Sport, besonders der sogenannte Leistungs- oder Elitesport, ist schwerkrank. Schon immer fragten sich Menschen bei jedem Erkranken, wie ist die Diagnose: warum, weshalb, wieso? Und dann: Wie sind die Heilungsaussichten? Hier ist die Diagnose leider leicht zu stellen. Geld hat den Sport versaut. Geld im Übermaß, Geld gegen jede Vernunft gezahlt, in keinem oder nur noch schwachem Verhältnis zur Leistung. Und weil Geld dermaßen lockt und verwirrt, locken auch die zahlreichen unerlaubten Hilfsmittel, das Doping. Beim Betrug herrscht noch vor den Seuchemachern von Anabolika bis Epo des Menschen oberstes Dopingmittel: Geld.

Längst wissen wir auch, die Seuchenansteckungsgefahr ist dort am allerstärksten, wo die komplette Gesellschaft kränkelt, mit Lustigsein und Dauerspaßsucht und Geldsüchtigen aus den Fugen geriet und sich mögliche Immunkräfte selber raubte. Wo so viele Bazillen und Viren schwirren – Betrug, Korruption, Unehrlichkeit, Selbstsucht und Arroganz ... – hat es gesundes Leben, Zusammenleben sehr schwer. Sport wird auf diesem seuchigen Terrain fast zur tragikomischen Karikatur.

Auch Sie, Peter Hahne, schreiben, wenn auch mit anderen Beispielen, im Titel »Wieder Maß nehmen« von gefährlicher Maßlosigkeit.

Wie wollen und können wir noch im Sport zu alten Maßstäben der Ehrlichkeit und Vernunft zurückkehren? Wer besitzt das Rezept? Die Gesellschaft ist krank und mit ihr nicht nur der Sport, sondern Medien, Gesundheitswesen, Arbeitspolitik ... Also, was ist? Ich will weder Schlaumeier noch Besserwisser sein und trage daher auch kein Rezept in der Hosentasche. Doch weil ich Sport immer noch mag und ihn vielen Menschen wünsche, muß ich mir Gedanken machen.

Danken will ich dem Sport, trotz alledem. Für die allermeisten aktiven Sportler, ich meine Alltags- und Freizeitsportler, ist und bleibt er Lebenshilfe. Ohne solchen Sport wäre ich nie und nimmer über die lange Lebensstrecke gekommen. Rückschläge, Niederlagen blieben nicht aus, Wendehäme und Wendestrafen nicht, aber es reichte immer noch zum Wiederaufstehen. Sport half, früher und jetzt. Ebenso, daß mir die Alltagsdrogen nie zu nahe kamen.

Ich gehe, Herr Hahne, davon aus, irgendwie zählen Sie auch zur Millionenschar der Normalsportler. Wäre es unserem Problem nicht hilfreich, würden viele Politiker, Journalisten, Künstler, Manager und andere Öffentlichkeitsmenschen erklären, wie sie zu Sport und Doping stehen?

Wann, überlege ich jetzt, wurde ich überhaupt mit dem Begriff Doping konfrontiert? Als sporttreibender Junge – nie. Las ich in Zeitungen über Harbig oder Schmeling, nie war von Doping die Rede. Nach Kriegsende, gleich? Nie. Dann, beim Radiostart mit Friedensfahrt und Olympischen Spielen 1952 – auch nicht. Emil Zatopek, viermaliger Olympiasieger und achtzehnfacher Weltrekordler, den ich in Helsinki kennenlernte und den ich später oft wiedersah, lachte immer, wenn ich fragte. Doping? Und ich bin sicher, weder er noch Mimoun, Schade, Chataway, Anufriew, Pirie und die anderen Großen jener Läufe wußten von Vermehrung roter Blutkörperchen und anderen Dingen.

Auch für die Zeit um Melbourne 1956 möchte ich abwinken. Nur als deutsche Beispiele: Behrendt, Schur, Happe, Stubnick, Köhler-Birkemeyer, Winkler, Bandz ... Gedopt? Neee. In den sechziger Jahren mit den Brennpunkten Olympias in Rom, Tokio und Mexiko würde ich wahrscheinlich im nachhinein nicht für jeden meine Hand ins Feuer legen. In Erinnerung blieb speziell die Diskussion um den Jahrhundert-8,90-Meter-Weltrekord von Bob Beaman. Experten meinten zwar, das war der glückliche Treffpunkt vieler Komponenten: Höhenluft, Rückenwind, ideale Technik ... Mag alles stimmen. Man ließ jedenfalls den Weitspringer und alle anderen noch weitestgehend in Ruhe.

Mir fällt jetzt beim Erinnern auf, fast nur nach Leichtathletik-Beispielen zu suchen. Ich kritisiere mich, es ist ungerecht. Doch ich kommentierte meist Leichtathletik, kein Schwimmen, Gewichtheben ... Dann folgten München 1972, Montreal 1976, Moskau 1980, Los Angeles 1984 ... Wieder versuche ich, Entwicklungen am Beispiel Olympische Spiele deutlich zu machen. Und das steht fest: mindestens seit den Siebzigern wird weltweit gedopt und teils schon auf Deubel-kommraus. Die Krankheit brach aus und das mit Karacho. Um nun nicht wieder nur ins Blaue zu diskutieren, schlage ich Fachleuten vor, sachlich endlich und redlich alle ostdeutschen und westdeutschen Leistungen jener Jahre aufzulisten, die verdächtig sind. Besonders alle Medaillengewinner-Leistungen und noch bestehenden Rekorde. Für keine Sportart sollte es Stoppzeichen geben, und alle sollten Scheuklappen absetzen.

Aus heutiger Sicht wüßte ich auch gern, welche Untersuchungsresultate gibt es eigentlich von Tag zu Tag bei den berühmtesten Tennisturnieren, beim Profi-Boxen, das auch ARD und ZDF öffentlich-sittlich kommentieren, in der Formel 1 usw. Mir scheint auch, der Radsport mit dem Dauerbrenner »Tour de France« lenkt von vielen anderen ab. Und wie sieht es im bezahlten Fußball aus? Bundesliga? Champions-Liga? Und wie sieht es bei den attraktiven Schanzenspringern aus? Was passiert beim us-amerikanischen Basketball und Eishockey? Warum lesen, hören wir nie davon? Oder fast nie ... Experten meinen nämlich, da, wo das meiste Geld ist, ist auch meist das schärfste Doping.

Ein Blick zurück zeigt aber auch, Doping, unser Ärgernis, gab es bereits früher, sehr früh sogar. Griechen und Römer, europäischer Kultur weit voraus, gehören ebenso zu den historischen Doping-Spitzenreitern. Alkohol war fast immer im Spiel. Zwischen und während der Kämpfe mal eine Karaffe galt als ganz normal. Woanders waren es stimulierende Zauberpflanzen, Mohn, Coca und ähnliches, was Leistung förderte. Die Natur hielt, hält eigentlich alles bereit, und heute eine übermächtige Pharmaindustrie auch. Der zu Ehren muß festgehalten werden, sie forscht und produziert für Heilzwecke, nicht zum Mißbrauch, wenn das geschieht, können die Milliardengewinnler nur die Achseln zucken. Ob das auch für Verschleierungssubstanzen gilt?

Gewinnabsichten spielten Ur-Damals ebenso eine wichtige Rolle. Griechische und römische Herrscher vergaben großzügige Geschenke, weil das auch der Gunst beim Publikum nutzte. Häuser, Renten, Befreiung bei Kriegen, alles war usus. Und dann die ersten sogenannten modernen Sportler vor rund dreihundert Jahren, sie waren Professionals. Es entstand der Begriff Wettkämpfe, Wettrennen, weil dabei gewettet wurde. Ob es dabei ehrlich zuging, darf getrost bezweifelt werden. Erste Großverdiener des 18., 19. Jahrhunderts wurden englische Dauerläufer. 1000 Pfund, kein Pappenstiel, gab es für Sieger und Rekordler. In Italien waren es Fechter, in Frankreich Ringer, Schottland und Holland veranstalteten Eisschnelläufe, in den USA und bald auch in Europa zog das Profi-Boxen ein, im deutschen Raum gehörten Kraftmeier zu den ersten Profiteuren. Lange Geschichten, wie sich der Bazillus Geld verbreitete und nimmer mehr zu stoppen war.

Wo wir im heutigen Euroland landeten, weiß inzwischen jedes Schulkind, und Vierzehnjährige geben als Berufstraum Fußballspieler an. Diese Träumer können den Wahnsinn noch nicht begreifen, daß ein Fußball-«Star« in einer Woche soviel Geld bekommt, wie ein normal verdienender Familienvater in sechs Jahren.

Doch wir wollen angeblich irgendwann und irgendwie wieder aus dem Sumpf und der Dummheit dieser Jahre heraus. Nur: wie? Es mehren sich die Stimmen, die den Kampf für aussichtslos halten. Ziemlich einhellig ist die Meinung, da dreht sich ein Teufelskreis. Pharmakonzerne, Geschäftemacher, Mitverdiener, Manager, Trainer, Sportler, Ärzte, Kontrolleure, Funktionäre, Publikum, Medien. Wer will hier tatsächlich durchblicken und aufräumen? Schmiermittel Geld sorgt immer noch für möglichst nicht quietschende Teile.

Ja, Sportinstanzen schlagen Alarm. Daueralarm. Politiker schalten sich ein. Journalisten recherchieren. Kontrollsysteme schreien nach mehr Geld. Alles gut gemeint. Nur, das Karussell dreht sich ... Dabei gerät zudem jeder, der sich nicht hundertprozentig im Sinne der Kritikkritiker äußert, ins Fadenkreuz bezahlter Schützen. Davor schützt nichts. Daher, prophylaktisch, erkläre ich: Doping ist eine Katastrophe, jedes Doping, überall auf der Welt. Ich verurteile Doping im DDR-Sport, und das im bundesdeutschen Sport von gestern und heute. Und, ich bin für endlich gemeinsame gesamtdeutsche Untersuchungen und Klarstellungen mit öffentlicher Dokumentation; ganz verständlich ausgedrückt: was geschah im Osten, was im Westen, alles frei von einseitiger Instrumentalisierung.

Und, weil es richtig und notwendig ist, dies sollte für jeden anderen Bereich der Gesellschaft, nicht nur für den Sport gelten. Ich schließe mich zu hundert Prozent denen an, die versichern, nichts, aber auch gar nichts gehört unter den Tisch gekehrt. Nichts hat Zukunft ohne geklärte Vergangenheit. Links und rechts der Elbe.

Überall dasselbe!

Handeln wir so!

Auf den Tisch gehört nicht nur die komplette Sportgeschichte Deutschland, speziell mit den Abschnitten Bundesrepublik und DDR, verfaßt von bundesdeutschen, ostdeutschen und internationalen Historikern. Auf den Tisch muß endlich auch die umfassende deutsche Rundfunk- und Fernsehgeschichte mit dem besonderen Blick auf den Reichsrundfunk von 1933 bis 1945, dann auf die Entwicklung in West und Ost mit der Beantwortung: Wer von Gestrigen war bei den Neuanfängen und in welchen Positionen wieder dabei? Wohl noch nie sachlich und umfassend dargestellt scheint mir das Kapitel »Entwicklung und Situation in den Sportredaktionen von Rundfunk und Fernsehen in Ost und

West«. Das ist zu personalisieren. Wer war was, wer tat was? Von Braun bis Wernicke, von Maegerlein bis Zimmermann, von Hempel, Eberhardt, Oertel bis zu Heutigen.

Ich hoffe, Peter Hahne sieht es als aufklärender Journalist ähnlich. So könnten sich viele auch auf dieser Strecke sachkundiger machen.

Zurück zum Thema Seuche und zur Gretchenfrage: Wie ist anno 2007 der Sache noch beizukommen? Nach vieler Leute Meinung könnten bestenfalls nur noch radikale Lösungen helfen. Sportdoping-Vergehen müssen endlich per Gesetz strafbar sein. Der Staat muß helfen, und der Sport muß mitwollen. Man müßte zum Jahresbeginn jeweils Eidesstattliche Erklärungen abfordern, die totale Sauberkeit versichern. Von Sportlern, Trainern, Ärzten. Dann bewiesene Zuwiderhandlungen fordern Gerichte. Wer wirklich sauber ist, müßte solche Klärung doch bejubeln, führte sie doch zurück zur tatsächlichen Chancengleichheit.

Schön und gut, zumindest theoretisch, wird man entgegnen. Jedoch nicht praktikabel, weil ... Und dann geht es wieder von vorne los. Aber selbst wenn – reiner naiver Optimismus –, selbst dann hätte es nur bei weltweit gleichen Bestimmungen Wirkung. Sonst lachte sich alle Welt kaputt, guckt mal, diese deutschen Trottel! Doch global wäre niemals solches Einigen herbeizuführen. Zu unterschiedlich zwischen Nord- und Südpol sind Interessen, und Geld ist nur auf wenigen winzigen Inseln weniger wichtig. Ob jemand im IOC, in den Internationalen Sportverbänden an eine allumfassende Lösung glaubt? Nein – die Strippenzieher kennen diesen Schwachpunkt und werden dementsprechend ihre Schäfchen immer weiter ins Trockene bringen.

Werter Mitanimator meiner Bemühungen, ich hoffe, wir beide vollziehen trotz alledem weiter unsere morgendlichen Freiübungen und Spaziergänge. Wir bleiben drogenfrei. Doch noch gefragt: Sehen Sie denn einen Ausweg, ein Mittel gegen diese Seuche? Ich fürchte, wir beide werden solchen Umbruch »tod«sicher nicht erleben.

Einer meiner Freunde, den es leider viel zu früh erwischte, würde jetzt nach einem Doppelten rufen, und ein anderer die nächste Zigarette anzünden ...

So ist der Mensch.

Oft, wenn ich nicht weiter weiß, mit meinem Schreiblatein ins Grübeln komme, Verkettungen deutscher Geschichte mit noch heutigen Auswirkungen schwer in den Griff kriege, greife ich ins Regal. Dort warten meine Retter, meine Buchfreunde Kästner und Tucholsky. Sie stehen als Spitzenreiter meiner Bestsellerliste, unbedroht von Heutigen. Mich ärgert auch, daß die Feuilletons von Jetzt jene Meister so selten wahrnehmen. Ich verbeuge mich vor beiden; mir haben sie bis ans Lebensende was zu sagen. Das Papier ihrer ersten Nachkriegs-Neuauflagen vergilbt schon. Der Inhalt nie.

Heute bitte ich wieder K. T., mir zu helfen. Ein Stückchen weiter oben gebrauchte ich das Wort »Kriege«, allerdings als Verb »kriege«. Wie meine beiden verehrten Vorbilder, Vorleber hasse ich Krieg, hasse jede Gewalt. Als Pazifist robbe ich mich nun an drei Worte heran, die dem Verfasser und seinem Verleger Riesenärger bescherten. Tucholsky schrieb 1931 für Carl von Ossietzkys »Weltbühne« einen glossierenden Text, in dem drei Worte die Hauptrolle spielten, die man auch heute, 2007, noch vorsichtigerweise in Gänsefüßchen, also Anführungszeichen setzen sollte: Achtung, Achtung – Vorsicht ist die Mutter der Porzellankiste – jetzt: »Soldaten sind Mörder«. Punkt. Damit ist es heraus. Weil Tucholsky bekanntlich auch unter vier Pseudonymen schrieb, Kaspar Hauser, Peter Panther, Theobald Tiger und Ignaz Wrobel, glossiere ich nach und benutze aus polithypochondrischer Vorsicht vier Gänsefüßchen: »»Soldaten sind Mörder««.

Damals gerieten Autor und Verleger in ein Klagetrommelfeuer; letztlich wurde Ossietzky freigesprochen.

Die Nazis verbannten ihn in Konzentrationslager, doch der kämpferische Pazifist erhielt 1935 den Friedensnobelpreis und starb bereits 1938, nur 48 Jahre alt, an den Folgen der Haft. Auch Tucholsky, dem wir neben seinen etwa 2500 Polemiken, Kritiken und Pamphleten die wundervollen Geschichten »Rheinsberg« und »Schloß Gripsholm« verdanken, wurde im Exil nur 45 Jahre alt.

Zurück zu seinem Dreiwortesatz. Mein fiktiver Gesprächspartner Peter Hahne wird auch wissen, daß es in der Bundesrepublik eine neue Klageflut gab, die 1995 vor dem Bundesverfassungsgericht endete. Das Urteil lautete, dieses Zitat und damit das Zitieren fällt in allgemeiner Form unter den Grundrechtschutz der Meinungsfreiheit. Aus der »Süddeutschen Zeitung« vom 8. 11. 1995 gebe ich noch eine verständliche Erklärung wieder: »Äußerungen wie ›Soldaten sind Mörder‹ oder ›Soldaten sind potentielle Mörder‹ werden ... dann als Beleidigung bestraft, wenn zweifelsfrei gerade die Soldaten der Bundeswehr gemeint sind.« Dem ist doch zu entnehmen, sonst also nicht. Oder?

Als Wertesuchender sehe ich, höre ich, lese ich neben Peter Hahne natürlich auch gern andere Journalisten. Besonders schätze ich Heribert Prantl von der »Süddeutschen«. Er kommentierte in der Ausgabe vom 8. 11. 1995, was mich sehr interessiert und bewegt.

»Darf man Pazifist sein in Deutschland? Man darf. Darf man das auch drastisch sagen? Man darf. Das Bundesverfassungsgericht gibt die Erlaubnis dazu, weil sonst die Meinungsfreiheit nicht viel wert wäre. ›Soldaten sind Mörder‹ – das ist ein drastischer, ein aggressiver Satz. Indes: Muß denn ein Pazifist vorsichtiger formulieren als der Bellizist? Er muß nicht. Muß er Tucholsky heißen, um mit scharfer Kritik straffrei zu bleiben? Er muß nicht: er darf auch heute sagen, was Tucholsky schon vor 63 Jahren zum 17. Jahrestag des Beginns des 1. Weltkrieges schreiben durfte: ›Soldaten sind Mörder‹.«

Ich bedanke mich nachdrücklich bei Heribert Prantl, weil ich 11 Jahre nach ihm, 76 Jahre nach Tucholsky das versuchen will, aber ich mir nicht ganz sicher bin, ob das heutigen Kritikern und anonymen Zensoren egal ist, wer sich auf diese Meinungsfreiheit beruft, Prantl, Hahne, ich ... Ist das gänzlich wurscht heutzutage?

Ich habe nämlich noch etwas vor und hoffe, wie es im Griechischen heißt, auf »Ekecheiria«, auf Waffenruhe, denn ich will nach Waffen fragen.

Könnte es mal bei uns eine Sendung geben, oder vielleicht in den führenden Tageszeitungen oder Magazinen Beiträge, die sachlich, fachlich korrekt Überblick verschaffen: Wer produziert was und wohin wird geliefert, und warum geschieht das, und wird daran verdient? Und noch naiver: Gibt es eine Instanz, die das genau weiß und kontrolliert und genehmigt? Wer, wo? Ich bitte um Nachsicht, denn ich komme ja nur vom Sport und so, und vielleicht ist es dumm und ungehörig, danach zu fragen, so etwas wissen zu wollen ... Aber, wieder wird um Nachsicht gebeten, Kriege und Töten und Mörder werden, das geht doch nur mit Waffen, die dahinraffen ...

Tucholsky, der Verehrte, rettete mich schon aus verklemmten Situationen, und wenn ich nicht mehr weiter wußte. So bejubelte ich 1946 als glücklicherweise unversehrter Heimkehrer, der nicht geschossen, keinen Menschen tötete, das jetzt vergilbte Buch »Gruß nach Vorn« und das dort gegebene Motto: »Alles ist richtig, auch das Gegenteil. Nur: zwar ... aber, das ist nie richtig.«

Diesmal, 60 Jahre später und nur bißchen klüger geworden, halte ich es für gut und richtig, uns allen, dem Publikum, Tucholskys Verse »An das Publikum« in Erinnerung zu rufen.

O hochverehrtes Publikum,
sag mal: bist du wirklich so dumm,
wie uns das an allen Tagen
alle Unternehmer sagen?
Jeder Direktor mit dickem Popo
spricht: »Das Publikum will es so!«
Jeder Filmfritze sagt: »Was soll ich machen?
Das Publikum wünscht diese zuckrigen Sachen!«
Jeder Verleger zuckt Achseln und spricht:
»Gute Bücher gehen eben nicht!«
Sag mal, verehrtes Publikum:
bist du wirklich so dumm?

So dumm, daß in Zeitungen, früh und spät,
immer weniger zu lesen steht?
Aus lauter Furcht, du könntest verletzt sein;
aus lauter Angst, es soll niemand verhetzt sein;
Aus lauter Besorgnis, Müller und Cohn
könnten mit Abbestellungen drohn?
Aus Bangigkeit, es käme am Ende
einer der zahllosen Reichsverbände
und protestierte und denunzierte
und demonstrierte und prozessierte ...
Sag mal, verehrtes Publikum:
bist du wirklich so dumm?

Ja, dann ... .
Es lastet auf dieser Zeit
der Fluch der Mittelmäßigkeit.
Hast du einen so schwachen Magen?
Kannst du keine Wahrheit vertragen?
Bist also nur ein Grießbreifresser –?
Ja, dann ...
Ja, dann verdienst du's nicht besser.

Von Herbert Grönemeyer stammen Text und Musik dieses schönen Titels. Sein »Gebt den Kindern das Kommando, sie berechnen nicht, was sie tun, die Welt gehört in Kinderhände ...« drückt aus, was viele, viele empfinden, die Kinder lieben und – vielleicht das Wichtigste – die selbst Kinder haben.

Immer und immer wieder, Tag für Tag, fast in jeder Zeitung, in Büchern, in Sendungen, lesen wir, hören wir diesen gesellschaftlichen Aufschrei: Wir brauchen mehr Kinder! Hauptargument: sonst können wir die Zukunft nicht mehr bändigen, sonst gehen die wichtigsten, die Gesellschaft bindenden und beruhigenden sozialen Sicherungen flöten. Was auch bedeutet und Menetekel für Millionen ist: Renten werden immer dürftiger, Selbsthilfe, Selbstabsicherungen alterslebenswichtig. Richtig. Sehr richtig.

Aber, klingt das nicht auch vorrangig kaufmännisch, materiell, merkwürdig kalt? Bräuchten wir nicht alle mindestens ebenso, eigentlich viel, viel mehr die Kinderwärme der Gegenwart? Es erschreckt zu schreiben, viele Jetzige sehen Kinder als Last, als Kostenfaktor, der nicht zu beherrschen ist. So furchtbar es ist, dies zu schreiben, viel furchtbarer ist es noch, daß Menschen in schlimmer sozialer Situation recht haben. Ja, deren Platz in der kalten Gesellschaft ist ein unterer und gefährdeter, ohne soziale Sicherheit, mit sehr viel Angst. Alles Umstände, Zustände, die kinderfeindlich machen.

Das gilt für uns und anderswo. Ich will nicht Vorwürfe in andere Himmelsrichtungen schicken. Sie sind dringend nötig, immer und immer wieder, jawohl, doch sie lenken zu schnell und leicht auch ab, uns an die eigenen Nasen zu fassen. Die Spaßgesellschaft kann sich nicht (mehr) rühmen, auch eine kinderfreundliche zu sein. Dafür stehen erdrückende Beweise. Ich will nur wenige wiederholen.

In Berlin, wo ich lebe, leben etwa 300 000 von Sozialhilfe. Fast ein Zehntel der Gesellschaft, und wohlgemerkt, statistisch, amtlich gemeldet. Ob das immer der ganzen Wahrheit entspricht, bleibt leider auch dahingestellt. Und es kann einem übel werden, wenn dazu vermeldet wird, an die 100 000 Kinder sind darunter. Die allerstärksten betroffene Gruppe ist die der unter Dreijährigen! Das so dahin zu schreiben, macht nicht nur betroffen. Es ist – mit Verlaub gesagt – beschissen.

Wie kommen wir jemals raus aus diesem Teufelskreis?

Wenn in einem dermaßen in Schieflage geratenen Staat alles Sozialgesellschaftliche ins Wanken kommt, machen Kinder- und Familienfreudigkeit keine Ausnahme. Im Gegenteil. Wobei es dazu noch die kennzeichnende Gegenteiligkeit gibt: Ärmere bekommen, leisten sich noch öfter Kinder als Reichere.

Dabei landen wir erneut an einem Knackpunkt der Spaßgesellschaft. Man kann es drehen und wenden, wie man will: alles spiegelt eine gewachsene, weiter wachsende Egoismushaltung, deren Stärke maßgeblich von der Stärke des Geldbeutels bestimmt wird. »Ich« kann mir das leisten, »ich« will so leben, »ich« lasse mir keine Vorschriften machen, »ich« bestimme, wie ich lebe, auch mit oder ohne Kind. Und – was zu beweisen ist – viele entscheiden gegen Kinder.

Keiner sollte Schlaumeister, Besserwisser, Ankläger, Moralapostel spielen wollen. Ich nicht, Peter Hahne nicht, möglichst alle nicht. Nur, fest steht, es muß endlich darüber gesprochen werden. Wie wollen wir gerade auch in diesem Feld der Gesellschaft Veränderungen als

Verbesserungen einführen, auch mit dem Versuch »Zurück zu alten Werten«, wenn wir es nur wieder beim Blablabla belassen? Keiner kann und darf Richter spielen, aber jeder kann mit sich selbst anfangen, ins Gericht zu gehen. Lebe ich so richtig? Ist meine Haltung zum Kinderkriegen nur individuell oder auch allgemein gut?

Ich könnte auf Anhieb dem Alphabet nach Prominente von Politik und Medien aufzählen, die kinderlos sind. Es gehört sich nicht, öffentlich nach Gründen oder Ursachen zu fragen. Doch sich selbst immer wieder zu hinterfragen, daran zu erinnern, muß gestattet bleiben.

Ich weiß nicht, wie Peter Hahne, mein Animator, aufwuchs. Seine Sache. Ich habe drei Kinder, bis jetzt vier Enkel, einen Urenkel. Zu Hause waren wir vier. Mutter, Vater, Schwester, ich. Meine Mutter hatte drei Brüder. Mein Vater fünf Geschwister. Na klar, ich höre das Echo: Es waren eben andere Zeiten. Aber alle waren arme Leute, und dennoch ... Alle bekamen wieder Kinder. Und ich erinnere mich gern, wie wir uns zu Geburtstagen da und dort trafen. Zu Kaffee oder Kakao reichte es immer. Und bei selbstgebackenem Kuchen. Ich ärgerte mich und schämte mich auch nicht, die alten Sachen meines Vaters tragen zu müssen. Mit den Jahren begriff ich auch, warum, wie schwer es fiel, uns überhaupt ins Leben zu führen. Aber: das steht in himmelsdicken Buchstaben über allem: Mutter und Vater schenkten das Leben, mein Leben ...!

Mir macht keiner etwas vor, und ich bleibe dabei: Wollen wir »Schluß mit lustig« machen, müssen wir zuallererst den überwuchernden Egoismus in die Flucht schlagen!

Doch meinen wir es mit der Zukunft unserer Gesellschaft wirklich ehrlich, hoffen wir, wünschen wir »mehr Kinder braucht das Land«, dann muß das Land auch alle

Lebens- und Bildungsbedingungen für Kinder und Eltern verbessern. Immer wieder beklagen Fachleute, daß Deutschland weit davon entfernt ist, über ein modernes, der Zeit angepaßtes Bildungssystem zu verfügen. Sofort schallt es dann zurück: Und wer soll das bezahlen? Schweden, beispielsweise, steht viel besser da. Doch um deren Niveau zu erreichen, müßten wir 40 Milliarden Euro investieren. Schwierig, sehr schwierig. Aber, ich stelle in anderen Kapiteln fest, wo wir Milliarden für Waffen und weiteres ausgeben, was wir für Kinder dringlichst bräuchten. Kinderrechte, Kindergeld, Kindertagesstätten, Schulen, Schulen, Lehrer, Lehrer, deren Ausbildung, Weiterbildung, das alles und mehr sind unsere Probleme. Um Grönemeyer aufzugreifen, macht unsere Welt endlich kinderfreundlicher, kinderfriedlicher.

Bitte, ich erlaube mir, in Verehrung für alle Kinder dieser Welt, in Liebe zu unseren, und zum Protest gegen die Oberflächlichkeit der Spaßgesellschaft Bertolt Brechts Kinderhymne zu zitieren:

Anmut sparet nicht noch Mühe
Leidenschaft nicht noch Verstand
Daß ein gutes Deutschland blühe
Wie ein andres gutes Land.

Daß die Völker nicht erbleichen
Wie vor einer Räuberin
Sondern ihre Hände reichen
Uns wie andern Völkern hin.

Und nicht über und nicht unter
Andern Völkern wolln wir sein
Von der See bis zu den Alpen
Von der Oder bis zum Rhein.

Und weil wir dieses Land verbessern
Lieben und beschirmen wir's
Und das liebste mag's uns scheinen
So wie andern Völkern ihrs.

Immer wieder erwischt einen Spott oder Zorn, weil man sich müht, den Wertedingen und Wertewünschen auf die Spur zu kommen. Häufigster Vorwurf ist: Moralapostel. Als ob es mies ist, heutzutage überhaupt darüber laut nachzudenken. Für mich drängt sich generell bei Diskussionen und Strittigkeiten immer wieder die Frage auf: Wissen wir überhaupt Bescheid, worüber wir reden, oder wird nur – von links und rechts – auf den Putz gehauen? Kinder dürften urteilen: Die Klugscheißer sind fortwährend unter uns ...

Ich will zu Moral und Apostel mindestens rekapitulieren, zumal es uns auch einige Schrittchen weiterhilft. Am liebsten gehe ich dem Wortursprung nach. *Mores* ist Griechisch und bedeutet Sitten. Das gleichfalls griechische *ethikos* meint auch Sittliches. Wir Pfadfinder auf dem neuen Weg zu alten Tugenden sind wohl kaum päpstlicher als der Papst, wenn wir folgern: Moral und Ethik sind wohl fast dasselbe, nämlich Werteordnung der Dinge. Einverstanden?

Über Apostel lernte ich Minimales im Konfirmandenunterricht. Mal sehen, ob ich die Zwölf noch zusammenkriege. Petrus, Judas Johannes, Matthäus, Jakobus, Lukas, Markus ... Hm, das sind erst sieben. Also: nachblättern. Philippus, Andreas, Bartholomäus, Thomas, Thaddäus ... Zwölf, aber da werden noch mehr genannt: Paulus, Simon, Lebbäus ... Leichte Verwirrungserscheinungen. Bei mir jedenfalls. Beim Leser wahrscheinlich, bei Peter Hahne, dem studierten Religionswissenschaftler, sicherlich nicht.

Sicher geworden bin ich jedoch jetzt, daß Moral und die Prediger und Verbreiter des Christentums Gutes sind,

Gutes wollten. Das Wort Moralapostel taugt zum Schimpfwort nicht.

Deshalb vorwärts beim Werte-Suchen, beim »Schluß mit lustig«; und Spaß- und Schwatzgesellschaft brauchen unser Streiten!

Für mich konzentriert es sich jetzt auf den Knackpunkt: wollen wir, oder wollen wir nicht?

Wer wirklich will, muß jetzt Flagge zeigen. Auf generelle Miesmacher und Dauerverneiner sollten wir getrost verzichten. Und wer will, wird über sein Wollen hinaus weiterdenken und zum Schluß kommen, daß wir sogar Müssen müssen.

Beim Weiterdenken kommt keiner daran vorbei, sich selbst zu überprüfen. Wer mit dem Finger auf andere zeigt, darf nämlich nie vergessen, drei Finger weisen auf ihn selbst. Selbstkritik! Für manche, weil abgedroschen und mithin auch entwertet, dennoch unentbehrlich. Es droht die Urfrage: Wer bin ich, wie bin ich?

Auch dies ist ein Problem, daß unsere Altvorderen schon forderte. Ich erinnere an Theophrast. Vor rund 2300 Jahren entwickelte der kluge Grieche, Schüler des Aristoteles, seine Charakterologie. Jenes Frühwerk der Morallehre sollte Damaligen Hilfestellung leisten. Wie gelange ich selbstkritisch zu mir? Wohin gehöre ich? Wem ähnle ich? Theophrast legte 30 Typenskizzen vor, interessant, aber auch locker verfaßt. Das sind die Gruppen:

Der Verlogene
Der Schmeichler
Der Schwafler
Der Ungehobelte
Der Gefallsüchtige
Der Skrupellose
Der Zungendrescher

Der Gerüchtemacher
Der Unverschämte
Der Knauser
Der Rüpel
Der Unzeitige
Der Übereifrige
Der Geistesabwesende
Der Grantige
Der Abergläubische
Der Meckerer
Der Mißtrauische
Der Garstige
Der Geschmacklose
Der Geltungssüchte
Der Knickrige
Der Flunkerer
Der Dünkelhafte
Der Feigling
Der Oligarchische
Der Jugendsüchtige
Der Verleumder
Der Schurkenverteidiger
Der Gewinnsüchtige

So, und danach konnte, sollte sich schon damals jeder Willige überprüfen, einordnen in das Raster.

Theophrast beschrieb im Typenmuster ziemlich direkt und originell. Hier einige Kostproben, Ausschnitte seiner Kennzeichnungen:

Den Skrupellosen sah er bei Gastwirten, Puffbesitzern, Steuereintreibern, aber auch als Ausrufer, Glücksspieler ...

Dem Verleumder traute er Verunglimpfen von

Angehörigen und Freunden zu, weiter Ehrabschneidungen, die sie mit Begriffen wie Redefreiheit, demokratische Gesinnung und Freiheitlichkeit zu kaschieren suchten ...

Gewinnsüchtige sah der Lehrmeister bei Staatsbeamten die »ausgezahlte Reisegelder zu Hause verbrauchten und Gastgeschenke verkauften, häusliche Essen auf Rechnungen setzten ...«

Wie gesagt, Kostproben nur.

Natürlich wußte auch der griechische Moralist schon von den vielen Mischformen der Charaktere und Wertigkeiten.

Nun meine blitzschnelle Rückkehr zum Heutigen. So wie früher schon Apostel christliche Werte predigten, sucht auch die heutige Kirche, Tugenden einzufordern. Es wurden ausgangs 2006 »Verhaltenserwartungen« speziell an vier Gesellschaftsgruppen gerichtet: Bürger/Wähler, Politiker, Journalisten und Interessenverbände. Gerade von denen müsse mehr als nur Gesetzestreue verlangt werden. »Die Vorstellung, in einer Ordnung der Freiheit könne jeder ohne Rücksicht auf das Ganze seinen Interessen nachgehen, weil die Regeln aus eigener Kraft im Stande seien, einen vernünftigen Ausgleich zu bewirken, ist illusionär.« An anderer Stelle wird gefordert: »Die Wahrung der Belange der Schwachen in der Gesellschaft sollte nicht allein davon abhängen, daß die Kirchen oder zivilgesellschaftliche Gruppen für sie eintreten.«

Wenn die Kirche recht hat, hat sie recht. Hier hat sie sehr recht.

Gerade wurde im Kapitel »Moralapostel« wieder das Wort Freiheit gebraucht. Ich behaupte, kein deutsches Wort wird häufiger benutzt und auch stärker mißbraucht wie dieses. Politiker mit schlechtem Gewissen scheuten es, aber die allermeisten sehen es als Signal, Versprechen als A und O gesellschaftlichen Daseins und Zusammenlebens.

Bitte, wie wird dieser Überschriftsatz »Freiheit, die ich meine ...«, der vom Dichter Max von Schenkendorf stammt, gelesen; wie betonen Menschen den Satz? Bei Schenkendorf, einem sehr patriotischem Liedermacher des jungen 19. Jahrhunderts, ging der Satz übrigens so weiter »... die mein Herz erfüllt ...« Ich meine, man kann nur *ich* betonen oder *Herz*. Oder?

Ich zähle zu den Ich-Betonern, vermutlich viele andere auch. Unsere Geschichte beweist nämlich, dieser so wertvolle Begriff Freiheit bot und bietet verschiedene und unterschiedliche Interpretationen. Nach meinen nicht unwesentlichen Erfahrungen mit Freiheit, die teils sehr wechselvoll waren, habe ich gelernt, jeden Freiheits-Apostel zu fragen, welche Freiheit er meint.

Heinrich Heine schrieb: »Der Knecht singt gern ein Freiheitslied, Des Abends in der Schenke.« Börne, Meister von Aphorismen und Fragmenten, bestand darauf: »Der Unterschied zwischen Freiheit und Freiheiten ist so groß als zwischen Gott und Göttern.« Und Goethe und Schiller, unsere beiden Unendlichen? »Freiheit ist nur in dem Reich der Träume ...« (Schiller); Goethe legt es Mephisto in den Mund »Sie streiten sich um Freiheitsrechte, so heißt's! Genau besehn, sind's Knechte gegen Knechte.«

Genug, genug. Freiheitsdiskussionen führen meist vom Hundertsten ins Tausendste. In Staaten, die sich ganz besonders freiheitlich dünken, besteht Freiheit in der Wahl von Parkbänken und Brückenbögen zum Übernachten. Für Millionen Kinder der Welt ist es die Freiheit, in Mülltonnen nach Eßbarem zu wühlen. Andere sehr freiheitlich Gesinnte nehmen sich die Freiheit, ihre Freiheitsvorstellungen anderen mit Bomben beizubringen ...

Oja, Freiheit, die ich meine!

Bestimmte »Aufgeklärte« haben daher auch kaum etwas mit den wirklichen Aufklärern der Weltgeschichte zu tun. Und wer alles zog schon in Freiheitskriege, mit wehenden Fahnen und Gesang, und wie viele Tote überall in der Welt, denen nicht einmal die Freiheit blieb, Friedhof und Grab zu wählen?

Mir reichten meine Lebensjahre und Systemerfahrungen, um jedem Freiheitsprediger zu mißtrauen. Die am lautesten Tönenden muß man auch am lautesten fragen: Welche Freiheit meinen Sie?

Ich setze auf Immanuel Kant, seine Kritik der praktischen Vernunft. Das ist der Beweis des Grundgesetzes, des Kategorischen Imperativs: »Handle stets so, daß die Maxime deines Willens jederzeit zugleich als Prinzip einer allgemeinen Gesetzesgebung gelten könne.« Damit wird in praxi zugleich die Wirklichkeit unserer Freiheit verbürgt. Die Wirklichkeit unserer Freiheit ...

Diese Wirklichkeit lernte ich zuerst beim Prügelnmüssen auf der Straße kennen. Wie heute Hunderttausende, Millionen überall, wieder. Meine Großmutter, bei der ich bis zum Schulanfang aufwuchs, kannte nicht Kant, doch bis dahin immerhin schon Krieg, den 1. Weltkrieg. Ich erwähne dies, weil sie mir laien- und intuitivkantisch auf den Weg gab: Was du nicht willst, das man dir tu, das füg auch keinem anderen zu.

Und so denken und fühlen Milliarden Mütter und Großmütter, denen in Unfreiheit und Freiheit nur die Freiheit fehlt, das auch durchzusetzen. Ich lernte dann noch in der Schule bei einem Lehrer, den ich verehrte und dem ich zu danken habe: Freiheit, mußt du dir merken, ist immer auch Einsicht in die Notwendigkeit.

Nun könnten wir wieder von vorn anfangen: Was ist Notwendigkeit? Sind Kriege Notwendigkeit? Hungersnöte? Arbeitslosigkeit? Gewinnsucht? Riesenreichtum? Börse, Aktien? Abfindungen? Chancenungleichheit?

Und was ist mit Einsicht? Zustimmen, Abnicken, Gehorsam, gewünschtem Zufriedensein ...?

Kants »Kritik« erschien noch vor der Französischen Revolution, 1787. Im Juni 1791 hieß es dann: Liberté – Egalité – Fraternité – Freiheit, Gleichheit, Brüderlichkeit. Warum, frage ich anno 2007 immer noch, warum betonen heutige Aufgeklärte immer wieder Freiheit ohne den Zusammenhang mit Gleichheit und Brüderlichkeit? Warum?

Wir aufgeklärten und willigen Wertesucher, die das Zurück wollen, hörten dazu gern Politiker, besonders jene mit christlichem Hintergrund, und ich frage ausdrücklich nach den christlichen Werten wie Brüderlichkeit.

So, Bruder Peter, ich mußte mich hier etwas ereifern, aber es soll ja auch Schluß mit lustig sein. Und wir wollen auch nicht nur spaßig plaudern.

Als ungebrochener und auch nicht durch schreckliche Inszenierungen zu vertreibender Theaterfreund greife ich weiter gern zu den Texten der Großen, schon weil es nichts Besserbeschriebenes gibt. Sophokles formulierte in »Antigone«: »Viel Gewaltiges gibt es, doch nichts ist gewaltiger als der Mensch.« Vor zirka 2500 Jahren entstanden seine Werke. Achtung: 123, in Buchstaben einhundertunddreiundzwanzig ...! Bis auf den Tag sind wohl noch immer »Electra«, »König Ödipus« und eben »Antigone« die bekanntesten und erfolgreichen. Und was ich ganz besonders bewundere, Sophokles bekleidete zudem höchste politische und kulturelle Ämter. Tja, andere Zeiten eben, andere Qualitäten.

Dieses Gewaltigste, der Mensch, ist in den 2500 Jahren seit Sophokles wohl kaum klüger geworden. Schlauer vielleicht. Er weiß alles zu vermarkten, führt mörderische Kriege, möglichst weit weg von eigenem Haus und Garten, entwickelte »immer bessere Waffen«. Und wir, hier die Menschen der Spaßgesellschaft, Schwatzgesellschaft? Ich zitiere weiter und ungeniert aus »Antigone«: »Der Übel größtes ist die Zügellosigkeit«, und dann läßt Sophokles den Schlußchor deklamieren:

> Am ersprießlichsten ist, um glücklich zu sein,
> der besonnene Sinn: nie frevle darum
> an der Götter Gesetz! Der Vermessene büßt
> das vermessene Wort mit schwerem Gericht;
> und der trotzige lernt
> noch weise zu werden im Alter.

Hier, in unseren Diskussionszusammenhängen, könnte ich es mir mit einem letzten Sophokles-Wort leicht machen: »Die Führer machen erst den Staat ...« Sie, Peter Hahne, haben oft mit denen zu tun. Können wir mit denen Staat machen? Volksmund meint: Der Fisch stinkt immer vom Kopf. Wohl richtig. Auch richtig, alles Leben beginnt unten. Alles Vorleben muß oben sein, dort, wo die Macht ist, und wo die Mächtigen auch oberste Werteschützer sein sollten, müßten ... Vergessen wir das nicht beim Sinnsuchen.

Ich möchte Ihnen, Peter Hahne, gleich noch einen Gedanken vorstellen. Doch erst gilt Ihnen mein Glückwunsch! Zwar erreichen Ihre Veröffentlichungen noch nicht sophoklische Dimensionen, aber immerhin. Ich zählte 42 Titel – wenn ich auf dem laufenden bin. Darunter und neben »Schluß mit lustig« auch »Grußbriefe«, jeweils für neue Erdenbürger, für die Hochzeit, für Trost und Genesung, zu Weihnachten und für die Konfirmation. Ich lese über Dank, Stille, Freude, Friede, Mut, Hoffnung, sehe die Buchgeburtstagsgeschenke Viel Glück und Segen, Groß ist die Freude, Segenswünsche, Getröstet, Geborgen, Gesegnet ... Ach, ich komme kaum hinterher, und Ihr Verlag vermeldet über 800 000 verkaufter Exemplare ...!

Als Cottbuser Kinder staunten wir immer mit »Mannometer«, ohne zu wissen, was es bedeutet. Inzwischen lernte ich, auch das ist griechischen Ursprungs, schreibt sich nur mit einem »n« und steht für Druckmesser von Gas und Flüssigkeiten ... Wenn ich die Euro 13,40 für Ihr 366-Tage-Buch »Mut für heute« flüssig machen kann, werde ich wieder daran denken. Zu meinem letzten Geburtstag bekam ich vom Künstlerdienst Leipzig/Halle ein Theodor-Fontane-Wort gefaxt:

»Leicht zu leben ohne Leichtsinn, heiter zu sein ohne Ausgelassenheit, Mut zu haben ohne Übermut; das ist die Kunst des Lebens.« 2007 will ich Ihres aus dem Kalender lesen ...

Aber das alles war nur ein Zwischentext, Übergang zu meinem Gedanken: Sie zählen zu den öffentlich sehr Bekannten, auf die man schaut, die man hört, die man also lesen soll. Sie erteilen gute Ratschläge. Halten Sie mich für naiv, wenn ich frage: Leben Sie das auch alles vor? Nehmen Sie sich beim Wort?

In Pressepapieren, Rezensionen, die Sie mir freundlicherweise schickten, fand ich Texte eines Presseinterviews. Sie gaben bereitwillig Auskünfte, reagierten auf zitierte Kritiker, beispielsweise, Sie sind »Banalprediger«. Das kommentierten Sie souverän mit »Neid ist eben die Mehrwertsteuer des Erfolges«. Gut gebrüllt, Löwe. Zu Vorhaltungen des Interviewers, Sie hätten als kinderloser Lediger gut und leicht Schreiben über Familie, Geburtenverweigerung, mangelnde Erziehung, entgegneten Sie: Das sind persönliche Lebensführungen, die wirklich rein privat sind ...

Hier erschrecke ich. Muß ich fürchten, wir drehen uns auch hier im Kreis? Ich bin auf vollkommen falscher Schiene? Ich nehme Sie ernst! Ich dachte bis hierher, hinter dem, was Sie fordern, stehen Sie, der ganze Mensch Peter Hahne, und nicht nur der Schreiber-Autor Hahne. Hätte ich Ihre Telefonnummer – mir glückte es nicht, die aufzutreiben –, jetzt müßte es bei Ihnen klingeln.

Wenn Sie so denken, kann es doch jeder andere Mensch genauso abtun. Ja, klar, mehr Kinder, mehr Erziehungsqualität in Haus und Schulen – mir selbst jedoch piepegal. Habe meine eigene, ganz private

Lebensführung. Na denn! Ihr lustig-lustig-lustig Draufloslebende, kritisiert mit uns, macht aber selbst lustig weiter!

Ja, Leben und Vorleben, das besonders, ist nicht einfach.

Vergessen wir nicht, daß es ohnehin Andersdenkende gibt. Deren Haltung: wer auf Dogmen beharrt, ist nicht nur unvernünftig, er sägt sich selbst den Ast ab, auf dem er sitzt, und wer den Herrgott in Formeln packt und Moral hochhält, läuft auf falscher Spur. Demnach bin ich vielleicht der Hinterwäldler. Echte Kerle, Marktwirtschaftler mit Philosophenparfum sind längst viel weiter, während ich noch durch die Discounter trapse.

Naja, dann ist das so.

Trotzdem folge ich weiter solchen Worten, wie ich sie von Maria Jepsen lese. Immerhin schaffte sie es zur weltweit einzigen evangelischen Bischöfin, und ich glaube – ja, das Wort gebrauche ich jetzt –, also ich glaube ihr, nicht nur Wasser zu predigen und selber Wein zu trinken. Die Bischöfin sagt: »Das Menschenbild hat sich in diesen Jahren zum Negativen verändert. Wir dürfen nicht dem Geld und der Wirtschaft untertan gemacht werden.« Sie, trotz alledem, werter Herr Hahne, studierten Theologie, kennen das Neue Testament und deshalb auch das Magnifikat der Maria. Dort heißt es: Gott stürzt die Mächtigen ... beschenkt die Hungernden ... läßt die Reichen leer ausgehen. Die mutige Bischöfin antwortet auf die Vision: »Das heißt konkret, eine soziale Gerechtigkeit anstreben, daß die Reichen von ihren Gütern, ob das Finanzen sind, ob es Wissen ist oder Macht, abgeben und den anderen die Möglichkeit der Teilhabe.«

Ich freue mich über diese Worte. Sie auch? Bei Frau

Jesper gipfelt es in: »Wir wissen, es gibt nicht nur das Problem der Verarmung, sondern auch das der Verreichung.«

Dererlei Ermahnungen, Gelbe Karten sozusagen, gab es offensichtlich schon zu fast allen Zeiten. Bescheidenheit als Tugend, als Wert, ging oft verloren. Vor rund 4500 Jahren ermahnte ein weiser Ägypter, der wohl zugleich selbst ein Wohlhabender war, und den ziemlich schwierigen Namen Ptahhotep trug:

> Wenn du groß bist, nachdem du klein gewesen,
> wenn du reich bist, nachdem du arm gewesen ...
> so bleibe doch einfach.
> Hast du eine hervorragende Stellung erreicht,
> verhärte nicht dein Herz wegen deiner Erhöhung:
> du bist doch bloß der Verwalter der Güter Gottes
> geworden.

In unserem Land, das Experten immer noch und immer wieder als ein reiches Land beschreiben, lebt eine Handvoll Supersupersuperreicher, denen in der Tabelle noch einige Tausend sehr Reiche folgen, aber dieselben Experten betonen anno 2007, hier leben auch fast 11 Millionen Menschen, darunter an die zwei Millionen Kinder, an oder unterhalb der Armutsgrenze. Ein Naivling wie ich folgert, das kann doch nicht einfach so gekommen sein, gar auf Gottes Spuren, der alles sieht, der alles lenkt. Ich bin so dumm anzunehmen, dafür sind hiesige Menschen verantwortlich, ganz Hiesige und Heutige, die Macht besitzen und in die Kirche gehen, beten und ...

Zurück zum gewaltigsten Thema und dem Gewaltigsten, was es gibt, dem Menschen. Was sagen wir, wenn andere sagen, ich lebe hier und heute, pfeife auf Sinnsuche und Moraldiskussion, mein Lebensrückgrat bilden Konto, Aktien, Immobilien, und ich fürchte auch nicht die allerletzte Drohung, wonach das letzte Hemd von jedem keine Taschen hat ...

Vielleicht, Peter Hahne, erinnern Sie sich noch an einen der besten ARD- und ZDF-Journalisten, an Hanns Joachim Friedrichs. Unter anderem leitete er eine Zeitlang auch die Sportredaktion, und ich traf ihn da und dort zu leider nur knappen Gesprächen. In »Höchste Zeit« schrieb ich darüber. Friedrichs, mein Jahrgang, 1927, verstarb viel zu früh, und ich hätte gerade in unseren Tagen gern mit ihm gestritten. Speziell über einen seiner Grundsätze, wonach sich kein Journalist mit einer Sache gemein machen sollte, auch nicht mit einer guten. Sein Buch »Journalistenleben« enthält viel Gutes, mit dem ich mich gern gemein mache, nur mit der genannten Grundthese nicht.

Ich erlaube mir zu meinen, das, was man für gut hält, muß man auch gut unterstützen. Deshalb, nur Meinung anderer abzufragen, wie in allen dafür zuständigen Sendungen gang und gäbe, aber mit der eigenen wie ein Geheimdossier umzugehen, halte ich nicht für gut. Gerade jetzt, wo leider wieder vieles im Weltgebälk knackt, wüßte ich von den Fragestellern auch gern Antworten. Ich will wissen, wo stehen besonders die der ersten Reihe, die über vieles parlieren. Doch nur christiansenisieren, beckmannisieren, kernerisieren, maischbergerisieren, illnerisieren reicht nicht (mehr) aus.

Tatsächlich, erst wollte ich schreiben: Olympia – ewiglich. Doch am letzten Wort blieb ich hängen. Ewiglich kommt von Ewigkeit. Was ist eigentlich die Ewigkeit? Unendlichkeit der Zeit? Im »Postillion von Lonjumeau«, einer Oper von Adam, die wir während meiner Cottbuser Theaterzeit im Spielplan hatten, heißt es: »Die Ewigkeit? Mein bester Herr, die ist sehr lang ...« Adolphe Adam, französischer Komponist, der etwa zwei Dutzend Werke schuf, durfte sich mit solch beliebiger Beschreibung behaupten; aber wir, hier und heute? Auch Adolphe Adam hätte sich bereits zu seiner Lebzeit, dem frühen 19. Jahrhundert, so kundig machen können. Platon, Begründer des Idealismus mit seiner Ideenlehre hinterließ uns schon vor grob 2400 Jahren so viele gute Ideen und Aussagen, daß wir heute noch als Wertesucher und Gottesrufer gedankenstarke Auswahl finden. Als Anhänger griechischer Geschichte und deren großen Geister gerate ich in Versuchung, den eigentlichen Faden zu verlieren. Aber, getrost, das hat mit Olympia und uns zu tun ...

Platon, Lehrer des Gutes und Künder dermaßen überraschender Ideen, daß man sich heute schämen müßte, nicht selbst darauf zu kommen, befand, das Staatsideal wird von der Erziehungsidee beherrscht und – Achtung, Achtung für alle, die sich besonders angesprochen fühlen müßten! – Beherrscher des Staates sind die Philosophen. Ja, es ist sicherlich zu spüren, hier schreibt ein Platoniker, Anhänger seiner Ideen. Und, um nicht noch weiter abzudriften, Platon deutete auch Ewigkeit: das Unwandelbare, das in der Zeit Dauernde.

Da Platon und seine Schüler auch in den Anfangsjahrhunderten der Olympischen Spiele lebten, dachten, wußten sie vom Beginn 776 vor unserer Zeit, vor Christus, kannten den Namen Koroibus, der mit seinem Sieg im Stadionwettlauf (192 Meter) allererster Olympiasieger wurde, und – sie erlebten unmittelbar den ersten gewaltigen Einbruch und Rückschlag Olympischer Idee und olympischen Friedens, als 364 v.u.Z. die Arkader Olympia plünderten.

Jeder weiß und spürt beim Erinnern und später persönlich Miterlebten, Olympia ist nicht unverletzlich, mußte nach Siegen mehrfach Niederlagen, schwerste Beschädigungen hinnehmen. Olympia ist deshalb leider auch keine ausschließlich gute Zukunft zu prophezeien, und schon gar nicht Ewigliches, »das in der Zeit Dauernde«. Von vielen Seiten droht Gefahr. Kriegerisches, Materielles, Finanzielles, dazu in unserer Zeit krampfhaftiger Spaßgesellschaft zunehmende Überschwemmungen von Jahrmarktlustigsein und Überschwatzen.

Wir müßten besonders gewarnt und betroffen zuallererst vor der eigenen Haustür kehren. Zweimal durchbrachen deutsche Weltkriege den Kalender-Rhythmus der Spiele, 1916 und 1940 und 1944, und zweimal wurde Deutschlands Sport dafür mit Ausschluß bestraft, 1920 und 1948. Als Folge des verbrecherischen 2. Weltkrieges und dekretierter Teilung unseres Landes starteten 1952 in Helsinki nur bundesdeutsche Sportler, und bis 1992 dauerte es, nach der Periode Gemeinsamer deutscher Mannschaften, daß Deutschland wieder als ein Team antrat.

Jeder kann es sich leicht machen, das alles als Schnee von gestern kennzeichnen und weiter den Geschichtsschlaf des Selbstgerechten schnarchen. Doch kein Beruhigungsmittel wird uns von Verantwortung befreien.

Wir tun gut, uns als besonders engagierte Olympia-Anhänger alltäglich und überall für die Idee, deren Überleben, Weiterleben tatkräftig einzusetzen. Mit Friedlichkeit, Freundlichkeit, tolerantem, weltoffenem Verhalten und Vorleben, kurzum, nicht nur mit Wertesuchen, sondern Werteleben.

Das schließt überhaupt nicht aus, Generelles, was Olympia schadet, nicht nur bei uns, sondern überall zu kritisieren. IOC eingeschlossen. Bei meinem Ferndialog mit Peter Hahne möchte ich nicht zu weit ins Sportliche drängen. Nur das Wesentlichste: Geldseuche mit Dopingseuche gepaart, auswuchernder Firlefanz und Mediendominanz bilden die größten Gefahren. Die bevorstehenden Pekingspiele 2008 und die folgenden und nächstfolgenden 2010 in Vancouver und 2012 in London werden zeigen, wo wir stehen, woher der Wind weht.

Zuerst zum Guten: Wer hätte 1896 zur Zweitpremiere der Spiele-Idee in Athen daran gedacht, eines Tages würde China dabeisein, gar Gastgeber sein? Es ist ein riesiger Schritt in die richtige Richtung. Komplette, faire Weltoffenheit. Dem Gastgeber ist zuzutrauen, bisherige Organisationsleistungen noch zu übertreffen, selbst bemerkenswerte, hochanzuerkennende Sportleistungen zu vollbringen, und hoffentlich nicht dazu »Hollywood hoch zwei«. Deutschlands Rolle als mitführendes Sportland wird sich beweisen müssen. Deshalb keine Vorkritik. Terrorismus, Hauptgefahr unserer Epoche, wird hoffentlich abzuwehren sein!!! Ja, drei Ausrufezeichen.

Und das IOC, und die Medien?

Nach der gefahrstrotzenden IOC-Zeit kommerzialisierter Spiele mit kräftigem Dirigismus des Fernsehens, speziell des amerikanischen, schimmern Hoffnungszeichen, es könnte, zwar langsam, wieder in vernünftigere

Bahnen schlingern. Überborden des Programms wollen Präsident und Mitverantwortliche im IOC verhindern. Konzentration aufs Klassische, ohne dabei den Blick aufs notwendige Modernisieren zu verlieren, ist wohl eine Haltung. Schwierig wird es immer, dies noch zu koppeln, um endlich mehr Frauendisziplinen ins Programm zu stellen. Hier rächt sich immer wieder das Jahrhundertversäumnis, beginnend schon bei ansonsten zu rühmenden Griechen, die Frauen gänzlich ausschlossen.

Dazu gesellte sich in den jüngsten Jahrzehnten das Medienproblem. In Barcelona 1992 gehörten noch 13 000 Journalisten zum Riesentroß, der 1996 in Atlanta auf 20 000 anwuchs. Das ist nicht mehr zu beherrschen. IOC und Gastgeber wollen (vorerst) bei 15 000 Journalisten eine Grenze setzen. Den Großteil bestimmten zuletzt die Fernsehmannschaften mit insgesamt 10 000 Beteiligten, darunter auch alles Technikpersonal. Diese Notwendigkeit kann ich nicht beurteilen, doch ich habe aus persönlichem Erleben für alle Ingenieure und deren Helfer große Hochachtung. Von TV-Journalistenteams weiß ich, hier wäre vieles einzusparen. Schließlich gibt es das Problem VIPs und Sponsoren. Ein zuletzt peinliches Ausufern ist nicht zu übersehen. Bei Olympia, aber auch sonst. Beim gelungenen Fest der Fußballweltmeisterschaft 2006 fiel unangenehm auf, daß oft in allen Stadien solcherart vergebene Plätze frei blieben. So eisern das IOC kämpft, die Sportlerteilnahme auf total 10 500 zu begrenzen, so schwer wird es sein, andere notwendige Grenzen zu ziehen. Daumendrücken gilt dem Grundsatz: Qualität muß vor Quantitäten gelten.

Ich hoffe auf viele Sympathisanten: Olympia muß noch lange leben. Es ist ein Wert, den die nicht mehr friedliche Welt dringend braucht.

Im alten Schlager heißt es zwar umgekehrt: Frauen sind keine Engel, aber einem Schlagertext darf man wohl getrost widersprechen. Zudem, ob Schlager oder nicht Schlager, Frauen selbst sind (meist) Schlager, und für mich sind sie immer Engel. Ob ich bei dieser Feststellung weltweit eine Männerstimmen-Mehrheit bekäme? Versuchen wir es sachlicher. Was wären wir ohne Frauen? Das Allerschlimmste! Wir wären überhaupt nicht da, uns gäbe es nicht!

Ich bleibe dabei. Frauen sind Engel für die Menschheit und besonders für die Männer-Menschheit. Ich gehe noch einen Schritt weiter, obwohl ich dabei schon oft ins Stolpern kam und öffentlich Häme und noch Schlechteres einstecken mußte. Macht nichts. Männer prügeln eben immer noch gern, mit Worten und Taten. Also, und gerade deswegen: Frauen an entscheidenden Stellen der Macht, auch der Weltmacht, würden die Welt besser aussehen lassen, auf jeden Fall bestimmt friedlicher. Meine Begründung: Wer Leben schenkt, riskiert es nicht so leicht und lebensliederlich wie Männer, die noch heute brutal über Leben und Töten mittelalterliche Entscheidungen treffen.

Da es hier um Werte, Wertesuche geht, ist Männern zu empfehlen, diesen besten Grundwert *Frauen* endlich weltweit fairer und vernünftiger zu »bewerten«. Frauen widerfährt noch in vielen Weltteilen Männer-Bösestes, da und dort bis zur verbrecherischen Diskriminierung. Von Gleichberechtigung, gleicher Wertschätzung keine Rede. Hier müßten wir nicht »Schluß mit lustig« rufen, sondern »Schluß mit leiden« schreien. Über Wort und Tun der Weltkirchen und Religionen wissen Sie, Peter

Hahne, viel besser Bescheid als ich. Müßten nicht längst Talar- und Robenträger nur noch schamrot tragen? Männer dürfen alles, Frauen nur das, was Männer dekretieren. Es gab Kreuzzüge und Inquisition, und – was ist das?

Mindestens doch ein fataler Irrtum. Auch Voltaire irrte, wenn er Frauen als menschliches Wesen kennzeichnete, das sich anzieht, schwatzt und auszieht. Rechnen wir es ihm, dem doch sonst sehr Klugen, als schwachen Witz an. Ich halte es als Klassikerfreund mit Schiller: »Ehret die Frauen! Sie flechten und weben, Himmlische Rosen ins irdische Leben, Flechten der Liebe beglückendes Band.«

Und was hat das alles mit Sport zu tun, droht die Kritikerfrage. Jede Menge. Sport ist immer Gesellschaftliches. Wie Kirche und Geld und Siegen und Verlieren, wie alles. Meine Engel-Haltung wird noch durch den Sport gestützt. Was muß ich Frauen, Sportlerinnen danken! Meist sagen mir Zeitbegleiter, daß sie Täve, Waldemar und so nie vergessen. Es gehörte zu ihrem Leben. Noch mehr freut es mich, wenn beim Erinnern aber auch Frauennamen fallen. Gerade unser Sport, der deutsche Sport, hat Frauen vieles zu danken. Und umgekehrt stimmt es auch. Die jahrhundertelange Frauen-Diskriminierung im Sport erfuhr durch deutsche Initiativen und Leistungen da und dort Aufbruchimpulse. Dennoch, am Beispiel Leichtathletik, der Ur- und Kernsportart Olympias, sollen einige Zahlen beweisen, was sich Männer leisteten.

Im griechischen und römischen Sport, also etwa 2800 bis 1500 Jahre vor unser Jetztzeit, hatten Frauen prinzipiell im Sport oder bei Sportähnlichem nichts zu suchen. Die herrschende Männerwelt blieb unter sich.

Frauen wurden selbst als Zuschauer Jahrhunderte ausgesperrt. Um es nur knapp weiter zu skizzieren: Auch 1896 in Athen, zum Start der Coubertin-Spiele, blieben Frauen weiter »draußen«. Nur einige Zahlen, die beweisen ...

Bei den Spielen von Paris 1924 starteten bereits 44 Länder mit insgesamt 3083 Teilnehmern, 136 waren Frauen. 1928 in Amsterdam durften Frauen erstmals 100 Meter laufen, auch 800 Meter, die jedoch danach sofort wieder aus dem Programm – immer von Männern vorgeschrieben – verschwanden. Bei den Nazispielen 1936 gab es 4099 Teilnehmer, 385 waren Frauen, die bis 1968 nichts anderes als 100, 200, 400 und dann auch 800 Meter laufen durften, und 1972 in München traute man ihnen als längste Distanz auch die 1500 Meter zu. Erst 1984 in Los Angeles gab es die Weltpremiere des olympischen Frauen-Marathons! Und auch jetzt sind wir immer noch nicht am Ziel tatsächlicher Gleichberechtigung und Gleichbewertung. 2004 in Athen registrierten wir die Rekordbeteilung von 202 Ländern mit 10 882 Athleten, darunter 4 428 Frauen.

Bei solchen Rückblicken gerate ich immer aufs neue ins Ärgern und Schämen. Sind wir Männer so doof? Woran liegt dieses Hinterwäldlerische, Engstirnige, Eingebildete, Ungerechte? Warum machen das Männer, die auch in allen Sportämtern rund um die Welt an allen Machthebeln sitzen?

Jetzt will ich mich bei Angenehmem erholen. Direkte Erinnerungen an Engel-Leistungen aus meiner Lebenszeit. Aus meiner Heimat bereiteten mir viele Frauen besonders starke Erlebnisse. Ich durfte Rosemarie Ackermanns Olympiasieg im Hochsprung 1976 in Montreal kommentieren, und ich bitte, mit an ihre sporthistorische Leistung des ersten 2-Meter-Satzes einer Frau 1977 in Berlin zu denken. Oder, ich führe die Leser-Gedanken zum Spreewaldrand, wo Karin Janz in Hartmannsdorf bei Lübben durch ihren Vater zum Turnen kam. Über die Kinder- und Jugendsportschule Forst ging sie dann nach Berlin. Dort reifte sie zum Welt-As, wurde zweifache Olympiasiegerin, Weltmeisterin, mehrfache Europameisterin, um nur das Wertvollste zu nennen. Sie schaffte das Abitur mit Auszeichnung, alle Resultate des Medizinstudiums wiesen gleichfalls Spitze aus. Als Mitentwicklerin einer künstlichen Bandscheibe für Lendenwirbel erhielt sie den DDR-Nationalpreis und internationale Preise und Anerkennung. Nach ihrer Orthopädie-Chefarzt-Position in Berlin-Kaulsdorf wurde dann Prof. Dr. med. Karin Janz Leiterin der Orthopädischen Klinik Berlin-Friedrichshain. Was für ein Engel, diese Frau! Als Sportlerin begeisterte sie Millionen, inzwischen half sie Tausenden, die sie verehren.

Tut mir leid, hier nicht mehr Platz zu haben, um alle Würdigen zu würdigen. Ich muß es auf wenige Namen verknappen, aber die möchten bitte für viele andere stehen. Christa Stubnick und Gisela Birkemeyer, die Weltrekorde sprinteten und 1956 in Melbourne erste Medaillen gewannen, oder Ulla Donath, die spätere Hochschullehrerin in Halle. 1953 eroberte sie über 400 Meter und 880 Yards erste deutsche Frauen-Weltrekorde, oder Heike Drechsler, Katarina Witt, Kristin Otto, Claudia Pechstein und unsere absolute Rekord-Olympiasiegerin Birgit Fischer, auch Brandenburgerin, die achtmal Gold gewann ... Was für Engel mit »himmlischen« Leistungen!

Natürlich gilt meine Bewunderung ebenso zahlreichen internationalen Klasse-Sportlerinnen, und für alle, denen ich gleichfalls Unvergeßliches danke, nenne ich diese Namen: Dana Zatopek, Betty Cuthbert, Wilma Rudolph, Marika Kilius, Jolanda Balas, Irina Rodnina ... Ich muß Schluß machen, jedenfalls mit diesem Kapitel, dem Engelischen.

Ich möchte für die Christen-Freunde, männliche und weibliche, noch ein schönes Wort anfügen, das von Mutter Teresa stammt: Der Friede geht von dem aus, der Liebe sät, indem er sie zu Taten werden läßt. Die Frauen, über die ich schrieb, und an die ich denke, taten. Sie säten olympischen Frieden und Lebensfrieden.

Gleich komme ich zum verehrten, großen Griechen, zu meinem bevorzugten und gewählten Lebensratgeber Epikur. Doch ich beginne diesen Gedankenspaziergang Unter den Linden in Berlin. In der Humboldt-Universität studierten meine drei Kinder. Und ich durfte dort mehrmals vor Studenten über Gott und die Welt reden. An die folgenden spannenden Diskussionen denke ich noch heute gern. Bei jedem Uni-Besuch dachte ich auch voller Stolz und Ehrfurcht an die großen Deutschen, die dort lehrten. Fichte, Wilhelm und Alexander von Humboldt, Hegel, Schleiermacher, Feuerbach, Planck, Einstein, Hahn, Virchow, Koch ... Und natürlich dachte ich, denke ich noch immer an Karl Marx, der im ehrwürdigen Bau Unter den Linden fünf Jahre studierte.

Vor wenigen Monaten, als ich an den letzten Kapiteln dieses Buches schrieb, spazierte ich wieder dorthin, um nun nichts Falsches zu schreiben. Zum DDR-Beginn wurde damals im weiträumigen Treppenaufgang ein Zitat angebracht, das Zehntausende Studenten kennen, das jedoch auf der deutsch-deutschen Holper- und Stolperstrecke nach 1991 manchen neuen Chef ins Schwitzen brachte. Was machen wir damit, fragten sich neue Politiker und Rektoren. Demontieren? Zu blamabel. Man entschied: Es kann bleiben, brachte aber eine zeitgemäße Erklärung dazu. Kompromiß, Rückversicherung – naja.

Nun zum Zitat. Es stammt vom Ex-Studenten Karl Marx, dem späteren philosophischen Welt-Aufrührer, Autor von »Kapital«, »Kommunistisches Manifest« und weiteren Werken. Das Zitat ist jetzt 160 Jahre alt. Marx schrieb es in seinen Thesen über Feuerbach.

> Die Philosophen haben die Welt nur verschieden interpretiert; es kommt darauf an, sie zu verändern.

Wer darüber immer noch erschrickt, in ängstliches Taumeln gerät, muß wissen, warum. An jeder Universität der Welt weiß man, jeden Tag verändert sich die Welt, wird verändert, fragt sich immer nur: wie und warum und wozu. Was dabei passiert, ja, das löst tagtäglich neue Schrecken aus.

Bevor ich mich nun endlich meinem Ratgeber Epikur zuwende, will ich Peter Hahne auch noch ein spezielles Marx-Wort zum Nachdenken widmen:

> Die Religion ist der Seufzer der bedrängten Kreatur, das Gemüt einer herzlosen Welt, wie sie der Geist herzloser Zustände ist. Sie ist das Opium des Volkes.

Wäre ich klüger, gelänge mir jetzt vielleicht ein weder von Opium noch Baldrian gedopter Übergang von Religionseinflußnahme zu der von Philosophen. So sage und schreibe ich nur trocken und fest überzeugt: Mein Lebensberuhiger wurde Epikur.

Warum? Und wie?

Über den Sport, über Olympia und alles, was damit historisch-philosophisch zusammenhängt, erfuhr ich über griechische Geschichte und Kultur. Mich faszinierten die Rhetoren, deren Wissen und Können sich noch heute alle fürs Sprechen Bezahlte hinter den Spiegel stecken sollten. Ich erfuhr von Heraklit und Sokrates, Aristoteles und Platon; und dann stieß ich auch auf Epikur.

Was er lehrte, ist für mich das Beste. Seine Weltanschauung und Lebensklugheit gefallen mir. Er zeigt den

Weg zum Glück mit dem Leben in Frieden, Freiheit und Freude. Epikur ist der Meister-Philosoph der Freude. Damit alles, was ich sagen will, nicht so pathetisch, schlaumeierisch klingt, greife ich bewußt zu einfachen, zu Alltagsworten. Epikurs Weg zur Lebenskunst wird bestimmt durchs Erkennen und Akzeptieren der einfachsten Dinge. Sie führen über Bescheidenheit zur Zufriedenheit und Freude am Leben. Nicht das Mehr, Mehr, immer noch Mehr ist Maxime, sondern das gegenteilige Weniger ist immer Mehr. Freiwilliges, bewußtes Verzichten ist besser als dauerhaftes Fordern. Wer alltäglich den Sonn- und Feiertag will, wird ihn bald nicht mehr schätzen. Prassen ist kein Genießen. Epikur lehrt, vernunftvoll und gerecht, nicht selbstgerecht, zu leben, Gleichdenkende zu suchen. In Frieden und Freundschaft leben bedeutet für Epikureer Ziel und Erfüllung.

Bei unserer Wertesuche liegt es mir ganz fern, dieses Epikureische anderen aufzudrängen, einzureden. Um Himmels willen! Jeder muß sich seinen Werteweg suchen und ihn finden. Jeder ist seines Glückes Schmied, wobei die Betonung auf »seines« liegt. Hauptsache: jeder sucht!

Ich verbinde das noch mit den Gedanken und Vorstellungen der Philanthropen, und wer deshalb zuruft: aha, na denn, Friede, Freude, Eierkuchen, sollte sich an seine Nase fassen, aber böse bin ich ihm auf keinen Fall. Hauptsache: er bleibt friedlich.

Vielleicht, Herr Hahne, können Sie noch mit folgendem Epikur-Zitat etwas anfangen:

> Gemessen an den Absichten der Natur ist Armut ein Großer Reichtum, dagegen Reichtum, der keine Grenzen kennt, eine große Armut.

Wer lenkt, wer leitet uns? Wer ist über uns? Wer ist über allem?

Was ich schon schrieb: Ich war Gott ganz nahe. Keine zwei Meter entfernt, fühlte ich seinen Atem, wenn er sprach. Sie erinnern sich? Winter 1946/47, Stadttheater Cottbus, »Faust«-Inszenierung. Ich durfte als Regiegehilfe meines Intendanten, der mich auch in der Szene »Prolog im Himmel« einen Erzengel sprechen ließ, dem Chef ganz nahe sein. Er selbst hatte sich nämlich als »Der Herr« besetzt. Goethes Ehrfurcht vor dem Herrn war wohl so groß, daß er ihm im »Faust« nicht als Gott, sondern eben als Herrn bezeichnete. Wenn wir, die drei Erzengel, unsere Verse in den Saal geschmettert hatten, traten Mephisto und der Herr in Aktion. Eben da kam ich ihm ganz nahe. Manchem heutigen Leser werden aus jenem Dialog sicherlich auch die bekanntesten Zitate erinnerlich sein »Es irrt der Mensch, solang er strebt ...«, »Ein guter Mensch, in seinem dunklen Drange, ist sich des rechten Weges wohl bewußt ...« Und schließlich beendet Mephisto den Prolog im Himmel mit seinem: »Von Zeit zu Zeit seh ich den Alten gern, und hüte mich, mit ihm zu brechen ...«

Licht aus. Die alte Drehbühne knarrte etwas. Wieder Licht an. Neues Bild der »Tragödie erster Teil«. Nun Faust am Pult, und der setzte mit dem berühmten Monolog an: »Habe nun, ach! Philosophie, Juristerei und Medizin, und leider auch Theologie durchaus studiert, mit heißem Bemühn, – da steh ich nun, ich armer Tor! Und bin so klug als wie zuvor ...«

Jetzt, ganz, ganz irdisch auf Gott- und Wertesuche, darf ich Sie, geschätzter Peter Hahne, Theologiestudierter, nach Faustens Goethe-Wort überhaupt noch ansprechen? Ich schwöre, das Zitieren sollte keine Anzüglichkeit zu Ihnen herstellen. Dreimal: Nein! Ich will nur noch einmal unseren fiktiven Dialog-Faden weiterknüpfen. Würden Sie als Heutiger, nach und mit dem Kennenlernen der Welt, wie sie ist, auch sagen: »... und leider auch Theologie ...«?

Nach Cottbuser Gott-, Herrn-, und Altennähe und jahrzehntelangem Weitersuchen greife ich Faustens andere Worte auf: »Da steh ich nun, ich armer Tor, und bin so klug als wie zuvor ...«

Hunderte, tausende Male dachte ich schon an Gott, durch Bühnennähe, bei Lebensrealität. Und ich denke auch, kann ein Wissender dennoch auch an Gott glauben? Oder umgekehrt, kann ein Gläubiger zugleich Wissender sein? Wir wissen doch beide, daß sich Wissenschaft und Glauben gegenüberstehen. Dort die Evolutionstheorie, hier der Schöpfungsglaube. Wie ordnen Sie, der Christ-Journalist?

Ich nahm, tolerierend, ebenso zur Kenntnis: Unter uns leben unchristliche Christen und christliche Nichtchristen. Ist das möglich? Weiß das alles Gott? Will er das?

Wollte man zusammenzählen, wie oft in der Geschichte Menschen ein X für ein U vorgemacht wurde, wir gelangten zu einer erschreckenden Zahl mit vielen, vielen Nullen. Ein Beispiel. Die französische Revolution brachte uns vieles, sie hinterließ Gutes und Schlechtes. So wollte Robespiere zwar nach den Thesen Rousseaus einen »Idealstaat der Menschenliebe«, und er dekretierte dazu per Gesetz anno 1794 dem Volke das »Dasein Gottes« und führte den »Kult des Höchsten Wesens« ein, um darauf eine Schreckensherrschaft zu errichten, bei der in sechs Wochen 1366 Menschen, darunter Danton, hingerichtet wurden. Im Namen des Herrn ... Vielleicht ginge es uns manchmal besser, wüßten wir weniger. Man fände Wege leichter. Auch zu Martin Luthers »Ein feste Burg ist unser Gott ...« Zu Hiobs »Gott ist groß und unbekannt«, Conrad Ferdinand Meyers »Was Gott ist, wird in Ewigkeit kein Mensch ergründen ...«, auch zu Voltaires Aufklärerischem »Gäbe es keinen Gott, so müßte man ihn erfinden ...«

In meiner Sturm- und Drangzeit studierte ich die Schüler-Rolle im Faust. Bestimmt kennen viele seine Sentenzen. »Ich wünschte recht gelehrt zu werden, und möchte gern, was auf der Erden und im Himmel ist, erfassen, die Wissenschaft und die Natur ...« Ja, hier vermengte sich für mich die Rolle mit dem Leben, und immer noch gilt, was der Schüler nach dem quälend-verwirrenden Gespräch zu Mephisto stottert: »Mir wird von alledem so dumm, als ging mir ein Mühlrad im Kopf herum.«

So ist es bis heute.

Ich erinnere, als ich dreizehn, vierzehn Jahre alt war, begegnete mir das Gott-Problem erstmals. Im früheren Religionsunterricht und dann in den Konfirmandenstunden war es Thema. Von meinem Onkel Arno, der ein altes, dickes Lexikon besaß, wollte ich mehr wissen. Er nahm das schon ziemlich abgegriffene Buch aus dem Regal, hielt es mir unter die Nase und sagte nur: lies. Ich las. Von Zeile zu Zeile fiel es mir schwerer. Ich verzweifelte und schimpfte. Nie mehr später kam mir Trockeneres unter die Augen. Da mir Onkel Arno später das Lexikon vererbte, kann ich jetzt diesen zweifelhaften Genuß jedem anbieten.

Bitte Brillen putzen, Verstand am besten ausschalten, es geht los. Gott: »Im Wesen des Menschen liegt das

Bedürfnis begründet, bei Lebensereignissen, die ihm auf unumgängliche Weise seine kreatürliche Abhängigkeit zum Bewußtsein bringen, Äußerungen einer unüberwindlichen, über alles Endliche erhabene Macht zu sehen und zu dieser letztern ein geistiges Verhältnis zu suchen, indem er durch ihre rückhaltslose Anerkennung zu dauernder innerer Freiheit und Ruhe sich erhebt ...«

Genug der Qual, denn über zwei Seiten lang geht es in diesem Nobelpreisstil weiter ...

Hahne, Hilfe!

Ich kam vor 65 Jahren dadurch nicht weiter und heute wieder nicht. Bin ich zu dumm? Ist es zu schwer, Gott zu definieren? Doch apropos Dummheit. Da gibt es ein kluges Schiller-Wort aus der »Jungfrau« ... – Um Himmels willen! Was für Quatsch! Welche Dummheit, hier zu schreiben: *aus der* Jungfrau ... Selbstverständlich kann es nur, muß es heißen – ohne *der* – aus »Jungfrau von Orleans« stammt: »Mit der Dummheit kämpfen Götter selbst vergebens.« Das wiederum läßt mich nun schließen, Gott ist sogar zu pluralisieren. Es kann, es muß wohl viele Götter geben. Welche? Wie viele?

Ich lerne bei allem, mit dem Himmlischen gingen die Irdischen nicht immer zimperlich um. Dabei stören mich ganz besonders alle Krieg- und Gewaltbezüge. Schon Friedrich der Große reklamierte borniert für sich: »Gott ist immer mit den stärksten Bataillonen.« Überhaupt sahen alle Preußenkönige (andere natürlich auch) Gott für sich reserviert. »Gott mit uns!«, »Mit Gott für König und Vaterland«, »Gott schütze uns!« Uns, wohlgemerkt, nur uns, nicht die anderen, die wir töten.

Wird Gott mißbraucht? Auch von Heutigen, die Macht besitzen und viele Kanonen, und freilich – wie sie meinen – die bessere Religion, Kultur, Ideale, und viel

Geld. »Pfui, Teufel«, wetterte Martin Luther, wenn ihm was mißfiel und pfefferte das Tintenfäßchen an die Wand.

Ich schrie nach Gott, bevor ich mir in die Hosen machte, wenn es knallte, aber ich habe Gott zu danken, daß mir nicht mehr befohlen werden konnte, selbst zur Waffe zu greifen, um andere abzuknallen.

Nun ruft Peter Hahne nach ihm. Mir ist nur das sicher: Gäbe es mit Gottes Hilfe tatsächlich ein (wenigstens deutsches) »Ende der Spaßgesellschaft« mit der »Rückkehr alter Werte« und der Rückkehr tatsächlicher Demokratie, das müßte gefeiert werden!

Abschließend, lieber evangelischer Theologe Peter Hahne, werden Sie es mir doch nicht übelnehmen, daß ich einen katholischen Würdenträger zur Hilfe rufe. Kardinal Karl Lehmann erklärte Ende 2006, mehr als die Hälfte der Deutschen ist mit dem demokratischen Alltag unzufrieden; ich gehöre dazu; und er sieht »die Sorge nicht unbegründet, daß die noch ungelösten Probleme das System unserer Demokratie insgesamt in Frage stellen könnten«. Ich schließe mich auch gern den Äußerungen von Bischof Reinhard Marx an, »verläßliche Haltungen, die wir in einer Demokratie voneinander erwarten können ...« seien »sehr stark von einer Vernunftethik geprägt, die auch von Menschen geteilt wird, die nicht glauben«.

Würden das Mächtige endlich begreifen und danach vorleben, selbst tolerant und tatsächlich kleinen und großen Frieden stiftend, ich würde – wenn es so weit ist – im Himmel Gott umarmen wollen und selig, überglücklich schreien, dafür:

Gott sei Dank!

Ja.

Nachwort

Noch dieser Vorschlag, lieber Peter Hahne:

Damit wir uns vielleicht doch noch persönlich kennenlernen und einen winzigen Beitrag zu deutsch-deutschem Näherkommen leisten, sollten wir jeweils drei gemeinsame Diskussionsveranstaltungen organisieren.

Ich komme zu Ihnen, vielleicht in Minden und dann – alles nach Ihrer Wahl – zu einer Bank oder einem Wirtschaftsunternehmen oder einem kirchlichen Treff. Sie sind mein Gast in Cottbus, und dann stellen wir uns noch in Leipzig, Chemnitz oder Rostock oder anderswo dem Publikum in einer Bibliothek oder Buchhandlung oder bei einem Sportverein, egal ...

Einverstanden?

Und damit es keine finanziellen Probleme gibt, schlage ich vor: bei Ihnen schließe ich mich ganz Ihren Praktiken an, bei mir ist es umgekehrt, Sie akzeptieren meine Gewohnheiten. Okay?

Oder, noch einfacher: Wir machen es beide da und dort gänzlich ohne Forderungen ...

Prima – wenn es klappt!

ISBN 978-3-360-01297-5

6. Auflage

Neue Grünstraße 18, 10179 Berlin
Titelgestaltung: www.buchgestalter.net
Foto: ullstein bild – Köhler
Druck und Bindung: CPI Moravia Books GmbH

Die Bücher des Verlags Das Neue Berlin
erscheinen in der Eulenspiegel Verlagsgruppe

www.das-neue-berlin.de